ちくま新書

情報生産者になる

上野千鶴子
Ueno Chizuko

1352

情報生産者になる【目次】

はじめに――学問したいあなたへ

学問をする人を学者とか研究者と呼びますが、研究者には研究と教育、というふたつの現場があります。教育もまたわたしの現場のひとつでした。四〇年以上、高等教育機関で教えてきました。専門学校、短大、大学、大学院、そして社会人教育まで、高等教育経験の幅は広いほうだと思います。

そこで重視してきたのは、「情報生産者になる」ということです。高等教育以上の段階では、もはや勉強（しいてつとめる）ではなく、学問（まなんで問う）ことが必要です。つまり正解のある問いではなく、まだ答えのない問いを立て、みずからその問いに答えなければなりません。それが研究（問いをきわめる）というものです。

研究とは、まだ誰も解いたことのない問いを立て、証拠を集め、論理を組み立てて、答えを示し、相手を説得するプロセスを指します。そのためには、すでにある情報だけに頼っていてはじゅうぶんではなく、自らが新しい情報の生産者にならなければなりません。

わたしの大学での授業の目的は、いつも「情報生産者になる」ことでした。情報には、生産・流通（伝達）・消費の過程があります。メディアは情報伝達の媒体、多くのひとたちはそこから得られた情報を消費します。もちろん学ぶことの基本は、「真似ぶ」こと。ですから他人の生産した情報を適切に消費することは、自らが情報生産者になるための前提です。

世の中にはたくさんの情報が流通しており、たくさんの情報消費者がいます。新聞やTVなどのマスメディアの情報を、聞きっかじりで訳知り顔にくりかえすだけの人もいますし、人の知らない情報源にアクセスして、レアな情報をゲットする情報オタクもいます。そのうえ情報グルメ（美食家）や情報グルマン（大食漢）、情報コノスゥア（食通）までいます。情報の消費者には「通」から「野暮」までの幅があって、情報通で情報のクォリティにうるさい人を、情報ディレッタントと呼びます。もちろん質の高い消費者がいるからこそ、情報のクォリティも上がるのですが、情報も料理も、消費者より生産者のほうがえらい！　とわたしは断言します。料理だって、グルメの消費者より、料理をつくるひとのほうが、何倍もえらいんです。なぜかって、生産者はいつでも消費者にまわることができますが、消費者はどれだけ「通」でも生産者にまわることができないからです。

わたしは学生にはつねに、情報の消費者になるより、生産者になることを要求してきました。とりわけ、情報ディレッタントになるより、どんなにつたないものでもよい、他の誰のものでもないオリジナルな情報生産者になることを求めました。

偏差値の高い学生たちは好みのうるさい情報ディレッタントになりがちです。そしてそれはしばしばないものねだりや、揚げ足取りになる傾向があります。他人の生産物のしんらつな批評家になることは誰にでもできますし、ときにはそれは快感でもありますが、ならオマエがやってみろ、と言われて代替物を提示するのは容易ではありません。学部生までならそれでも許されるでしょう。ですが、大学院生のように、学知の再生産制度のなかに入った者は、文句があったらオマエがやってみろ、という批判から逃れることはできません。だから、情報生産者の立場に立つことを覚悟して消費者になると、情報の消費のしかたも変わってきます。この情報はどうやって生産されたのか？……その楽屋裏を考えるようになるからです。

何よりも情報生産者になることは、情報消費者になることよりも、何倍も楽しいし、やりがいも手応えもあります。いちど味わったらやみつきになる……それが研究という極道です。

I

情報生産の前に

1　情報とは何か？

†情報とは？

情報はノイズから生まれます。これが情報工学の基本です。ノイズのないところに情報は生まれません。

ノイズとは何か？　ノイズとは違和感、こだわり、疑問、ひっかかり……のことです。ですからあたりまえだと思って何の疑問も感じない環境のもとでは、ノイズは生まれません。

ノイズのなかから意味のある情報が生まれることがあります。情報にならずにノイズのまま終わってしまうノイズもあります。ですからできるだけたくさんのノイズが発生するような環境をつくっておくと、それだけ情報生産性が高くなるともいえます。

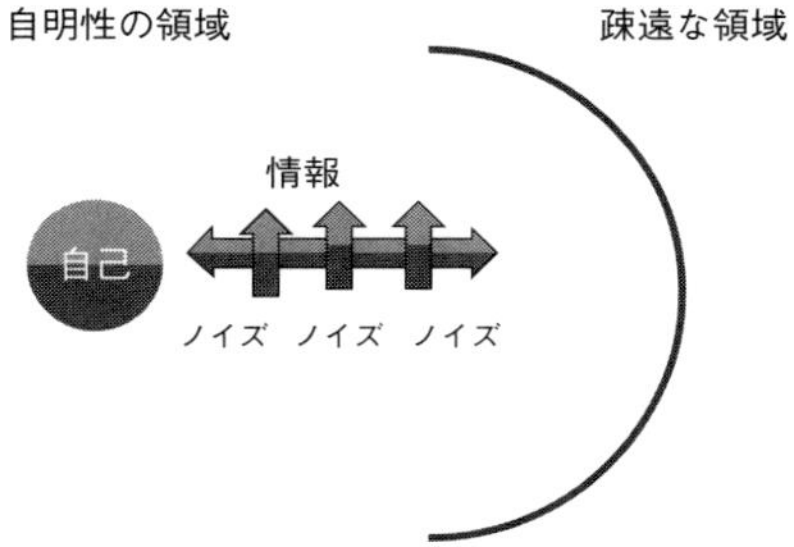

図表１－１　情報はノイズから生まれる

自分があたりまえだと思って何の疑問も抱かない環境では、ノイズは発生しません。これを社会学の用語では「自明性」と言います。反対に、自分から距離が遠すぎて受信の網にひっかからない場合も、ノイズは発生しません。これを社会心理学の用語で「認知的不協和」といいます。聞こえているけれど聴かれていない、「選択性難聴」のような経験を、多くのひとは味わったことがあることでしょう。

ですから、ノイズは自明性と疎遠な外部とのあいだ、自分の経験の周辺部分のグレーゾーンで発生します。情報の生産性を高めるには、ノイズの発生装置をまずつくらなければなりません。そのノイズのなかから、意味のある情報もまた生まれるからです【図表１－１】。

ノイズの発生装置を活性化するのはかんたんです。

第一は自明性の領域を縮小すること。第二は疎遠な領域を縮小すること、それを通じて情報の発生する境界領域、グレーゾーンを拡大することです。どちらも自分にとってあたりまえのことがあたりまえにならないような環境に身を置くことによって得られます。そんなにむずかしいことではありません。ことばも慣習もちがう異文化に身を置くことや、それではコストが高くつくようなら、生い立ちや環境の違う人や障害を持った人と身近に接すればいいのです。

別な言い方をすれば、情報とは、システムとシステムの境界に生まれます。複数のシステムに股をかけたり、システムの周辺に位置したりすることは、情報生産性を高めます。ですからシカゴ学派のロバート・E・パークの言う「周辺人 marginal man」(1) の位置にある者が、社会学者にはふさわしいといえるでしょう。複数のシステムの境界に立つ者が、いずれをもよりよく洞察することができるからです。

人類学者もまた異文化のなかではヨソモノです。ヨソモノだからこそ、同じ文化圏の者には見えない情報を収集してくることができるのです。その場に参加しながら、観察者として自分をヨソモノ化することもできます。エスノメソドロジー(2)とは、日常世界を異文化にする方法のひとつでした。

周辺人といえば、どの社会にも帰属を許されないのがユダヤ人。社会学者にはユダヤ人の割合が高いですが、社会学とはユダヤ人の学問だと言えるかもしれません。

†問いを立てる

情報を生産するには問いを立てることが、いちばん肝心です。それも、誰も立てたことのない問いを立てることです。適切な問いが立ったとき、研究の成功は半ばまで約束されているといっても過言ではありません。問いを立てるとは、現実をどんなふうに切り取って見せるかという、切り込みの鋭さと切り口の鮮やかさを言います。

問いを立てるには、センスとスキルが要ります。スキルは磨いて伸ばすことができますが、センスはそういうわけにいきません。センスには、現実に対してどういう距離や態度を持っているかという生き方があらわれます。

大学に入って「さあ、問いを立ててごらん」と言われても、どうしたらよいかわからない学生に、たくさん出会ってきました。大学生になるまでのあいだに、そう言われてきたことがないからです。文献を批判的に読みなさい、と言っても、説得されて批判が思い浮かばない、と困惑して答える学生もいました。しかし、何事も訓練と学習です。まなびならう、そしてならうよりなれろ。問いを立てることも、センスのよい問いを立てることも、場数を踏めば学ぶことができます。

問いを立てる際、条件がふたつあります。第一に、答えの出る問いを立てること。第二に手に負える問いを立てることです。社会科学は形而上学ではなく形而下の現象を扱う経験科学ですから、「神は存在するか」とか「殺人は許されるか」といった、証明も反証もできない公準命題のような問いは立てません。たとえば上記の問いを、「神は存在すると考える人々はいかなる人々か」「いかなる条件のもとで殺人は許され、いかなる条件のもとでは許されないか」と文脈化すれば、これらの問いに答えることができます。第二に、人間には時間も資源も限られていますから、一日で解ける問い、一カ月で解ける問い、一年で解ける問い、あるいは一生かけても解けない問い……があります。問いのスケール感をまちがえず、限られた時間のなかで答えが出る問いを立てることで、問いから答えまでのプロセスを経験して、「問いを解く」とはどういうことかを体感する必要があります。いったんそのプロセスを経験すれば、あとは問いのスケールを拡大したり、問いの対象を変えたりしても、応用が可能になります。

†オリジナリティとは何か

誰も立てたことのない問いを立てる……ことを、オリジナルな問いと言います。オリジ

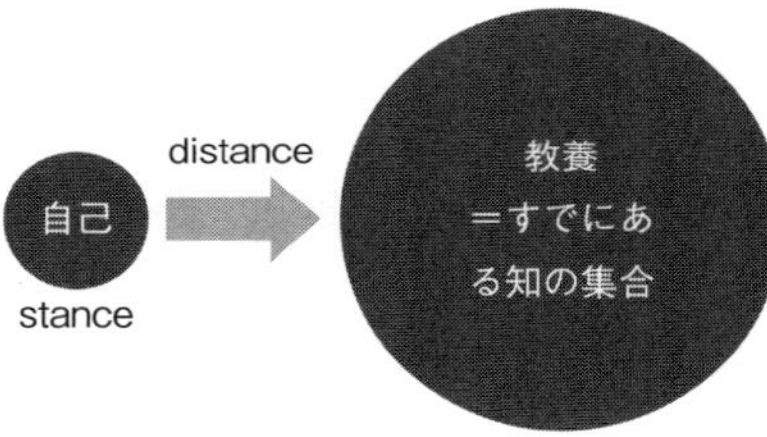

図表1－2　オリジナリティとはディスタンスである

ナルな問いには、オリジナルな答えが生まれます。それがオリジナルな研究になります。

ところでオリジナリティとは何でしょうか？

オリジナリティとはすでにある情報の集合に対する距離のことを言います。距離は英語ではdistanceですが、つまりすでにある知の集合からの遠さdistanceを自分の立ち位置stanceというのです【図表1－2】

誰も立てたことのない問いを立てるには、すでに誰がどんな問いを立て、どんな答えを出したかを知らなければなりません。すでにある情報の集合を知識として知っていることを、「教養」とも呼びます。教養がなければ、自分の問いがオリジナルかどうかさえわかりません。ですから、オリジナルであるためには教養が必要なのですが、教養とオリジナリティはしばしば相反することがあります。教養は努力すれば身につけることができますが、オリジナリティはセンスです。ですから教養とオリジナリティ、どちらが大事？　と言われたら、どちらも大事だけれども、どちらかといえば教養があってオリジナリティに欠けるよりも、オリジナリティがあって教養に欠けるほうがまだまし、と言ってきました。なぜなら、オリジナリティのある人はあとから教養を身につける事ができるのに対し、教養のある人が、あとからオリジナリティを身につけるのはむずかしいからです。

†一次情報と二次情報

情報には一次情報 first hand data と二次情報 second hand data とがあります。一次情報は経験的現実から自分の目と手で得た情報、二次情報は second hand と呼ぶように、いったん他人の手を通って加工ずみの情報です。セコンドハンドを略して「セコハン」というように、つまり中古情報です。他人の手でいったん加工された情報はすべてセコハン情報です。新聞や雑誌、ブログなどのメディアから得られた情報は、すべてセコハン情報です。

セコハン情報の収蔵場所が、図書館というところです。研究者は図書館にこもって書物ばかり読む人と思い込んでいるひともいるようですが、それは研究者の一面にすぎません。

たしかに図書館を主たるデータ収集の場所にする研究もありますから、それをlibrary surveyと呼んでいます。最近ではネット・サーフィンのみでデータ収集をする学生もいるようですが。しかし図書館やウェブの世界ばかりがデータ収集の場ではありません。図書館の外、オフラインのフィールドには、膨大な経験という領域が広がっています。その経験の現場から、自分の手で得てきた情報を一次情報と言います。

最近の学校でさかんないわゆる「調べ学習」は、ほとんどlibrary surveyのことを指しているようです。いまどき情報コンテンツは図書館に行かなくてもネット上にあふれていますから、ネットで情報収集してコピペすれば一丁上がり、のレポートが小学生から大学生まで横行していますが、それを研究とは呼びません。東大上野ゼミでは、メディアの情報を器用にまとめただけのレポートは、決して認めませんでした。その情報は誰に属する情報なのか、一次情報なのか二次情報なのかを、きびしく問いました。

もちろん特定の主題について、誰によって何がどれだけ言われているかを明らかにすることには、それなりの価値があります。そういうレポートをreview essayと呼びますが、しょせんそれだけのことです。世の中には、目配りのよいreview essayを的確にこなす人材がいますが、こういう人は教育課程で長年にわたって、「以下の文章を読んで何字以内にまとめなさい」という訓練を受けてきた人なのでしょう。その分野で何が問われていてどこまでが明らかにされているかという review essay は、研究の前段階にすぎません。しょせん、よく勉強したね、という読書レポートの域を出ません。研究論文では、その部分を「先行研究の検討」と呼びます。なぜならあなたの立てた程度の問いは、あなた以前に、あなた以外のひとによって、とっくに立てられていると考えるところから、研究は出発するからです。

オリジナルな問いと言っても、まったく誰も立てたことのない問いなんて、めったにありません。ですが、「先行研究の批判的検討」をすることによって、自分の立てた問いのどこまでが解かれており、どこからが解かれていないかがわかるようになります。そこではじめて、自分のオリジナリティが何か、がわかるのです。

†インプットとアウトプット

情報を消費したり収集したりすることを、インプット（入力）といいます。インプットした情報を加工して生産物にする過程を情報処理 information process と言います。情報処理の「プロセス」は、「加工」でもあり、「過程」でもあります。情報生産の最終ゴールは情報生産物をアウトプット（出力）することです。どれだけ情報をインプットしていても（これを博識と言います）、あるいはそれから多くの情報処理を経ていても（これを智恵と言います）、アウトプットしない限り、研究にはなりません。

情報生産者になるには、アウトプットが相手に伝わってなんぼ。なぜなら情報生産とはコミュニケーション行為だからです。情報が相手に伝わらない責任は、もっぱら情報生産者にあります。もし誤解を生むとしたら、その責任もっぱら情報生産者にあります。その点で研究という情報生産の特徴は、詩や文学のような多義性を許さない、という点にあります。誤解の余地のない明晰な表現で、ゆるぎのない論理構成のもとで、根拠を示して自分の主張で相手を説得する技術……これが論文というアウトプットには求められます。

†言語だけが情報か？

さて、一次情報はどうしたら手に入れることができるでしょうか。情報には言語情報と非言語情報とがありますが、研究とは言語的生産物です。一次情報は観察、経験、コミュニケーション、対話、インタビュー、アンケート調査、統計等から得ることができますが、最終的に言語的生産物としてアウトプットするためには、すべての情報を言語情報に変換しなければなりません。

情報収集 data collection の機会はありとあらゆるところにころがっています。日常生活そのものが情報収集の現場であると言っても過言ではありません。また二次情報であっても、メディアの言説、手紙、日記、証言、裁判記録等を一次情報としてメタ分析の対象として扱うことも可能です。

研究とは基本、言語情報をインプットし、言語情報を生産物としてアウトプットする情報処理の過程です。学問の世界には、身体よりは精神、感情よりは知性のような言語情報を優位に置く序列があります。しかし非言語情報をインプットして、そのまま非言語情報としてアウトプットするやりかただってあってよいかもしれません。たとえば映像から映像へ、あるいはビジュアルな表現やパフォーミングアートによるアウトプットだって、考えられないわけではありません。わたしは学問を教えてきて、いつも自分のインプットとアウトプットが言語に偏重していることを感じてきました。わたしが知っているのは言語的な情報処理のノウハウだけですので、それしか教えることができませんが、世界にはもっと豊かで多様な非言語的な情報処理のインプットとアウトプットのノウハウを知って、それを伝達できる人々がいるに違いありません。それが学問と呼ばれていないだけで。言語を媒体に情報処理をする人々は、自分たちが言語しか扱えないという限界を、わきまえているほうがよいと思います。

†学問とは何か

最後に学問とは何か、について述べておきましょう。

わたしは学問を、伝達可能な知の共有財、と定義しています。伝達可能ですから、学習することも可能です。学問にはアートや宗教のように秘技や秘教的なところはありません。学ぶとはもともと真似ぶからきたことば。明晰簡明で、まなぼうとおもえばまねぶことができること、そしてその成果物である情報財は、私有財ではなく公共財になることが目的です。

ですから、わたしは研究者を、アーチスト（芸術家）よりはアルチザン（職人）だと考えています。アーチストにとっては、「ゲーテの作品」とか「ロダンの彫刻」のように固有名が伴うこと、そして他人の模倣でないことが決定的に重要ですが、アルチザンにとっては自分の作品から最終的に固有名が消えること、そうしてそれが誰もが利用可能な公共的な財になることが最終的なゴールです。ですから「フーコーの言説分析」と呼ぶ代わりに、固有名が落ちてたんに「言説分析」というツールが社会科学の公共財になり、それを発案した人が忘れ去られるということこそ、社会科学者の名誉となることでしょう。

そうやって「アイデンティティ」や「準拠集団」のようなさまざまな概念が、研究者集団の共有財産になってきました。その専門家集団の一員に自分も加わることが、研究者になるということです。もしまったくオリジナルな、誰も真似のできない自分独自の表現や作品を生産したいなら、あなたは研究者を目指すより、アーチストやクリエイターを目指すほうがよいでしょう。

さあ、これが学問という情報生産者になる、ということです。次章から、どうやったら情報生産者になれるか、順に説明していきましょう。

注

（1）「境界人」ともいう。アメリカの都市社会学者パークの用語。「人種のるつぼ」といわれるアメリカ移民社会で、複数の融合しない、場合によっては対立する文化に共に属することで、それぞれの文化から距離をとることができる、相対的に有利な観察者の立場に立てることをいう［Stoneguist 1937, Park 1950］。

（2）「民俗方法論」と訳す。アメリカの社会学者ハロルド・ガーフィンケルの用語［Garfinkel 1967＝1987］。異文化を研究する人類学の方法を自文化に適用して、見慣れた日常をヨソモノの眼で観察する方法。

2　問いを立てる

†作文教育のまちがい

情報生産者になる意欲は湧きましたか？　何度でも言いますが、情報消費者になるより、情報生産者になるほうが、何倍も楽しいですから。

わたしたちがこれからのりだすのは、研究という作業です。かんたんに「調べて、書く」と言ってもかまいません。「感じて、書く」「考えて、書く」との違いがここにあります。

小学校からの長い作文教育で、教師から「感じたことを、ありのままに書いてください」と言われたことはないでしょうか。こういう指導は、こまった教育だとわたしは思っています。それより、「考えたことを、データをもとに、論拠を示し、他人に伝わるように書きなさい」という文章教育をすべきだと。

「考えて、書く」だけでも十分ではありません。根拠のない考えは、「思い込み」の代名詞。自分のなかだけを掘り下げても、たいした発見は得られません。他人はあなたの感情や経験、思い込みや信念を聞きたいのではありません。ひとが他人の人生にあまり関心を持っていないことを、骨身にしみて知ることは多いでしょう。情報生産者になる、とは、自分だけでなく、他人にとっても価値のある情報を「知の共有財」のなかに付けくわえるという行為ですから、それに値する情報を、生産しなければなりません。

ついでに八つ当たりしておくと、わたしは義務教育以降の国語の教科書の大半が、文学者の作品で占められていることにうんざりしています。散文のみならず韻文も含めて、どのようにも「解釈」し、「鑑賞」できる多義的な文章を、しかも文学青年くずれの国語教師が講じるのは、言語教育としてまちがっていると思います。それが行き過ぎて、ときどき日本語は論理的な思考に適さない、などと暴論を吐くひとがいますが、そんなことはありません。そのひとは、論理的な文章を読んだり書いたりしたことがないだけでしょう。わたしは国語の教科書に、人文・社会科学者の論理的な文章を、もっと採用すべきだと思っています。

そして、試験問題で「この時、著者は何を感じたでしょう？」と尋ねる代わりに、「この論証のしかたは説得的でしょうか？」と尋ねるべきでしょう。こういう訓練を受けてきていない子どもたちが大学生になると、文章の書き方から教えなければなりません。

文章が論理的であるためには、多義的な解釈を許すような書き方をしてはなりません。どんな用語も一義的に解釈できるように定義し、いちど用語を確定したらたとえ退屈でも最初から最後まで同じ用語で通し、論理をゆるがせにせず、緻密に論証を組み立てなければなりません。なぜなら文章とは相手に正確に伝わってなんぼ、だからです。もし誤読が起きるとしたら、それは書き手の責任。それが研究論文の作法です。

そんな退屈なことはやりたくない、と思うあなたは情報生産者に向いていません。もちろん作家も詩人もひろい意味の情報生産者にはちがいありませんが、情報は消費されてこそ価値があります。自分にとって価値のある情報が他人にとっても価値があるとは限りません。どうしても自分自身にとって切実で重要な、自分だけの情報を生産したいと思うひとは、どの世界にもいるでしょうが、そういうひとは消費者がいなければ、モノローグを語ることになるだけ。世の中には読み手のいない「押し入れ詩人」や「ブログ作家」はごまんといますが、研究者にとっては情報が共有されないことには価値がありません。

†かみあう議論をする

社会科学は経験科学です。信念や信条にもとづいて主張を唱えるのではなく、検証可能な事実にもとづいて、根拠のある発見をしなければなりません。わたしはゼミで学生にしょっちゅう「あんたの信念は聞いてない」と言ってきました。「それは何を根拠に言うの?」とも、しつこいぐらいに聞きました。根拠のない信念はただの思い込み。「偏見」ともいいます。たとえゼミの議論が盛り上がっているように見えても、論証も反証もできないような各人の思い込みがやりとりされているだけでは、「いろいろあるよね」「いろんな考えがあるよね」で終わり。結論に到達することはできません。こういうやりとりを議論 argument とは呼びません。

他大学のゼミで活発に発言が続いているように見えたケースでも、実はかみあう議論はすこしも成り立っていないことがありました。わたしは質問に応答があれば、必ず質問者に「いまの答えは、あなたの質問に答えたことになるか?」と確認するようにしてきました。いまどきの学生さんは、ノイズの発生を恐れて、納得のいかない答えやかんちがいのやりとりでも、黙ってのみこんでしまう傾向があるからです。

“Did s/he answer your question?”と水を向けるだけで、「実は半分しか答えてもらっていないのだけれど……」「いや、それが聞きたいんじゃなくて……」と、質問者が納得していないことがわかります。もし司会者がいるとしたら、司会者の役割はかみあう議論を誘導することでしょう。

そういえば、国会では議論は成り立っていませんね。「今の答えは、あなたの質問に答えたことになりますか？」という問いを、国会討論でこそ、いちいち確認してほしいものです。あの時間稼ぎのすれちがいやはぐらかしを、子どもたちが議論だと学ぶのは困りものです。

おっと腹立ちまぎれに横道にそれました。

✝研究とは何か

では、研究に戻りましょう。

研究とは何か？　そのプロセスのフローを図表2－1に示しました。

研究とは、（1）まず問いを立て、（2）その際、自分と似たような問いをすでに立てたひとがいないか、先行研究を調べます。すでに答えの出たことを、まだ答えが出ていない

研究とは何か？

1　問いを立てる

2　先行研究を検討する
　（対象／方法、理論／実証）

3　対象を設定する

4　方法を採用する

5　理論仮説を立てる

6　作業仮説を立てる

7　データを収集する
　（1次情報／2次情報）

8　データを分析する

9　仮説を検証する
　（検証／反証）

10　モデルを構築する

11　発見と意義を主張する

12　限界と課題を自覚する

図表2-1　研究のプロセス

ことが腑分けできたら、問いを焦点化して、（3）対象と（4）方法を設定します。（2）と（3）（4）は順番が入れ換わってもかまいません。その後（5）問いに対して予想可能な理論仮説を立て、（6）それを検証可能な経験的な作業仮説に変換します。（7）検証に必要な一次情報を収集し、（8）得たデータはかならず分析したうえで、（9）その分析結果にもとづいて仮説を検証したり反証したり、新たな発見を得たりします。（10）その発見から、他にも適用可能な一般化できるモデルが構築できたらお手柄ですし、（11）最後に、自分の発見がアカデミック・コミュニティの知の共有財産のなかで、何を付け加えたことになるか、その意義を主張し、（12）同時に自分の研究の限界を自覚していることを示します。

この研究のフローは、そのまま後で述べる「研究計画書」のフォーマットに反映されています。またこれが論文という名の情報生産物、すなわちアウトプットの構成にもなります。「情報生産者になる」という上野ゼミのカリキュラムは、この研究フローをそのままトレースしたもので、なんの秘密もありません。ちなみに演習フローも図表2－2に挙げておきましょう。

1	問いを立てる Making a research question
2	研究計画書を書く Writing a research proposal
3	先行研究の批判的検討 Survey of the existing literature: critical reading
4	データ収集：定性調査の技法 Date collection：learning the method of the qualitative survey
5	データ収集：定量調査の技法 Date collection：learning the method of the quantitative survey
6	目次を構成する Constructing the table of contents
7	問題設定を書く Writing the problematic
8	コンテンツをつくる Creating the contents
9	第1次草稿を書く Writing the first draft + making a comment
10	改訂版を書く Revising the paper + making a comment
11	口頭報告 Oral presentation
12	研究論文を完成する Finishing the final version

図表2-2　演習のフロー

†問いを立てる

研究は最初に問いを立てることから始まります。研究上の問いを、リサーチ・クエスチョン research question と呼びます。だから研究者はつねに「あなたのリサーチ・クエスチョンは何ですか?」と問われます。

問いを立てることは、いちばん難しいかもしれません。なぜなら、問いの解き方は教えることができても、問いの立て方は教えることができないからです。しかも、誰も立てたことのない問い、まだ答えのない問いを立てるには、生き方もセンスも問われます。

一昔前は、それを「問題意識」と呼んだりしました。問題意識がないと問いは生まれません。情報論的には、ノイズをキャッチする感度と言い換えてもよいでしょう。ノイズとは、現実に対する違和感、疑問、こだわりのようなもの。自明性(あたりまえ)の世界で思考停止しているひとには発生しません。

†答えの出る問いを立てる

問いには、答えの出ない問いと答えの出る問いがあります。たとえば「霊魂は存在するか？」という問いは、経験的に検証することも反証することもできません。経験科学としての社会科学は、経験的対応物 empirical referent のない概念（神や霊魂）を扱わないことで、形而上学と一線を画します。また「人生に生きる意味はあるか？」という問いは、立てた人にとっては切実かもしれませんが、ついに答えの出ない問いでしょう。社会科学者ならこの問いを文脈化 contextualize して、「どんな時に人は生きる意味を感じるか？」という問いに立て替えるようにします。これなら、答えることができます。

ちなみに社会科学者は「本質」という非歴史的な概念を使いません。たとえば「女性の本質は母性である」という命題は証明できませんが、「いつの時代から女性の本質は母性だと考えられるようになったか？」「女性の本質を母性と考える人々はどんな人か？」という問いには答えることができます。

情報生産者が立てる問いは、第一に答えの出る問いです。そして答えはつねに暫定的なもので、いずれ新しい答えに置き換わっていくことでしょう。それを学問の発展と呼ぶのですけれど。そしてすでに先行研究があるにもかかわらず、あなたが新しい問いを立てるのは、これまでの答えに、あなたが飽き足りないからです。

問いには、ありきたりな問いとユニークな問いとがあります。ありきたりな問いとは、他にも多くのひとが考えつきそうな問いのことですから、第3章の「先行研究」で述べるように、あなた以外のたくさんのひとたちが取り組んでいて、すでに答えが出ている可能性があります。たとえば、「トランプ大統領以後のアメリカはどうなるか?」は多くの人が関心を持っており、しかも予想のできない、まだ答えのない問いですが、あなたがこの問いにどれだけ関心を持ったとしても、あなた以上にトランプ大統領について情報を持っているプロがすでに詳細な分析をやっているとすれば、あなたの研究はそれにかないっこありません。そういう問いからは、さっさと撤退したほうが賢明です。

他方、ユニークな問いとは、他に誰も立てたことのない問いということです。それならこの問いに答えたあなたはパイオニアになりますし、他に競合相手がいないのですから、その分野の第一人者にもなれます。ですが、そんなにユニークな問いとは、珍しい問いでもありますから、先行研究もなければデータすらないかもしれません。女性学が草創期のころ、「江戸時代の女性たちはどんな月経用品を使ったのだろう?」と疑問を持つひとがいました。アンネ・ナプキンの登場は一九六一年。「ナプキン登場以前の月経用品は?」という問いには、高齢の女性の証言を得ることができますが、江戸時代となると生き証人もいませんし、文書記録も残っていません。民俗学的な資料から類推するか、わずかに残った遊郭等の史料から判断するほかありません。それによれば、ふんどしのような丁字帯《ていじたい》を使ったとか、紅絹《もみ》を紡錘状に巻いたものをタンポンにして洗っては使い回したとか伝えられていますが、遊郭の資料はあくまで遊郭のもの。タンポンは処女には使えません。庶民の女性は？　処女性を問われる武家の女性と、寝宿慣行のある農民とのあいだの階級差は？　など、知りたくてもデータのないものばかりです。

データにアクセスがあるかないかも、問いを立てるには重要なポイントです。たとえばいくら死刑囚の心理を知りたい、と思っても、刑務所の中に入ってインタビューすることはできません。死刑囚が最後に食べるものは何か？　という問いなら、刑務官にインタビューしたら答えてもらえるかもしれません。ドラッグ・ユーザーについて研究したくても、対象者にアクセスがなければ断念せざるをえません。秘密結社やクローズドの当事者団体なら、インサイダーになればデータへのアクセスが持てるでしょうが、そうなったら今度は手に入れたデータを公開してよいかどうかのハードルが高くなります。

†小さな問いにブレイクダウンする

問いにはまた、大きな問いと小さな問いがあります。「地球温暖化のゆくえ」は、とても大きな問いで、あなたが生きているあいだに答えが出そうにもありません。自然史的時間で起きることは、人類にとっては大問題でも、地球にとってはたいした問題ではないかもしれません。ですが、大きな問いを小さな問いにブレイクダウンすることはできます。大きな問いは、しばしば小さな問いの集合からできあがっているからです。

例えば「日本のマスメディアで地球温暖化はいかに語られてきたか？」なら、限られた時間の幅とスケールの範囲で、答えることができます。なぜなら「地球温暖化」という用語は比較的新しい用語ですから、初出はそんなに古くないからです。マスメディアといってもいろいろありますから、データベースのある全国紙に限り、「地球温暖化」という用語の初出から以降のデータに限定すれば、最近は検索エンジンがありますから、わりあいかんたんにデータ・コレクションができるでしょう。それだってデータのボリュームはどのくらいか、を考えれば、個人で手に負える件数は三桁が限度でしょう。

九〇年代の上野ゼミ生に「アダルトビデオの社会史」というテーマで卒論を書いて卒業していった学生がいましたが、その問いの立て方に感心したものです。なぜならアダルトビデオの日本登場は一九七〇年をさかのぼらないことが、わかっているからです。この年に家庭用ビデオ機器が売り出され、初期のアダルトビデオは販売促進用グッズとして普及しました。ですから彼は七〇年以降、せいぜい二十余年分の歴史をフォローすればすみました。しかも同じような先行研究はほとんどありませんでしたから、彼の研究がこの分野におけるパイオニアになる、というおまけまでついてきました。

わたしが学生につねに言ってきたのは、「答えの出る問いを立てる」「手に負える問いを立てる」「データアクセスのある対象を選ぶ」ことです。

一般に初学者ほど大風呂敷を拡げたがるもの。「問いを立てる」コツは、「風呂敷を畳む」畳み方を知ることです。これを問いを焦点化するfocusとか、狭めるnarrow downとかいいます。

もっとハードルの高い問いに挑戦したいと思う向きもあるかもしれません。ですが、演習とはまず問いを立ててそれを解くという練習問題をやってみるようなもの。一度問いの解き方を身につけたら、あとは応用が利きます。かんたんな問いを解いてみてから、しだいに難しい問い、大きな問いに挑戦すればよいだけです。

†研究は極道だ

もうひとつ大事なことがあります。

それは他の誰のものでもない、自分の問いを立てる、ということです。

わたしがゼミの指導で自分に課したことがあります。それは学生の問いが何であれ、それに価値の大小や優劣の判断をいっさいしない、ということでした。なぜならすべての問いはわたし自身の問いであり、わたしの問いはあなたの問いではないからです。そして人間には、他人の問いを解くことはついにできないからです。

英語にはIt is none of your business.(「あんたに何の関係があるの?」)という言い方がありますが、それをもじれば、It is your question, but none of my question.(「それはあなたの問いであって、わたしの問いではない」)と言うべきでしょうか。情報生産とは知の共同体にとって、価値のある情報の公共財を生産することだと述べたことと矛盾するようですが、自分だけの問いを強調するのは、研究とはテマもヒマもエネルギーもかかるめんどうな作業だからです。解きたい問いがなければ、このめんどうなプロセスを持続する意志を持てません。他の誰にとって意味がなくても研究者自身にとって意味があれば、「納得」という報酬が得られます。そして「そうか、そうだったのか!」という「腑に落ちる」カタルシスほど、研究者にとって価値のある報酬はありません。

そういう態度で学生に接しましたから、ゼミ生たちは、他のゼミなら決して提出しないような、奇想天外な、はたまたひんしゅくもののテーマを、次々に出してきました。「クリスマスイブをどう過ごすか？」というどうでもいいようなテーマから（とはいえ、くだらない、とは決して言いませんでした）、「（自分にとって）もっともエロいセックスとは何か？」とか、「恋愛風俗店で客は何を買っているのか？」まで。そうねえ、先行研究がないから、データは自分で集めるしかないわね、とわたしは研究を促し、彼ら彼女らはそれぞれ一次情報をもとに納得のいく研究成果を出して、巣立っていきました。

ゼミによっては教師がお題を立て、それを分担して学生に課す、というところもあるようですが、わたしはそれをしませんでした。また調べ学習と違うのは、ありもののセコハンデータを収集して、誰がまとめても大差のないレポートを書かせるようなことを、いっさいしなかったことです。上野ゼミはその点で、抑圧の少ない（すなわちノイズの発生しやすい）環境だったことでしょう。もし上野ゼミからユニークな人材が次々に育ったとしたら、そのせいかもしれません。

†わたしの問題をわたしが解く

ここで当事者研究にも触れておきましょう。

当事者研究とは、北海道浦河《うらかわ》の「べてるの家」(1)から発信したものですが、それを見たとたん、それならわたしたちはもっと前からやってきた、と思ったものでした。当事者研究とは、わたしの問いをわたしが解くもの。女性学は、女という謎を女自身が解くもので、今から思えば、当事者研究のパイオニアでした。

女性学が受けてきた「抵抗」を思えば、当事者研究に対して学問の世界で待ち受ける障壁についても予想することができるでしょう。抵抗は承認の反動。もしそのような「抵抗」すらないとしたら、当事者研究は精神障害者の「生存の技法」にすぎないとして、アカデミアで認知を受けていない証拠かもしれません。つまり、SST (Social Skill Training)のような精神療法の一種が、「研究」と僭称しているだけ、とあなどられていることを示唆します。女性学は学問の世界で市民権を獲得し、学会を設立し、学術ジャーナルを刊行し、研究所と講座とポストと研究費を得てきましたが、同じ道のりを当事者研究がたどるかどうかは未知数です［上野2017］。

問いは問題とも呼びかえることができます。問題はquestionでもあり、同時にproblemでもあります。女性学は女性問題から出発しましたが、それは女についての問題であるだけでなく、女が問う問題でもありました。

わたしにとって女であることは巨大な謎でした。女だというだけで社会から受ける扱いや他人から受ける仕打ちは、不条理そのものでした。その謎にとりくもうと思ったら、先行研究のほとんどは、男が女とは何者かについて教えてくれる……というものばかりでした。女についてはオレサマがいちばんよく知っている、だから聞きになさい、と言わんばかり。読んでも腑に落ちなかっただけでなく、男の女に対する妄想だらけで「いい気なもんだね」と反発を感じました。

女とは何者か、どういう経験をして、どういう感じ方をするのか？　女がいちばんよく知っています。女による女の研究が少なかったのは、アカデミアという場所に、女の研究者が絶対的に少なかったからです。それなら、と「女による、女のための、女についての研究 studies on women, by women, for women」が始まったのが女性学の成立です。(2)

できたとたんに、「女が女を研究すると主観的になる」「中立でないと学問でない」「男にはできないのか」と、さまざまな批判を浴びました。学問の世界のなかにある「中立性」「客観性」の神話はいまだにねづよく、「女性学？　そんなもの、学問かね」と面と向かって言われたこともあります。

当事者研究は、自分が自分の専門家、という立場です。女性学は、女が女の専門家だから、女の研究をしようと、女が学問の客体から学問の主体へと転換したことによって成立しました。女性学に初めて出会ったとき、自分自身を学問の対象にしてよいのか、と目からウロコが落ちたことを、鮮明に覚えています。それまでわたし自身も、学問を中立・客観的なものと思い込んでいたからです。

だから、問題とは、まず何よりも自分自身にとっての問題をいいます。

あるときゼミ生から、「先生、問題って何ですか?」という問いを受けたことがあります。あまりにシンプルな問いは、その率直さで相手から根源的な答えを引きだすことがあります。わたしはその問いに対して、とっさにこう答えていました、「あなたをつかんで離さないもののことよ」と。そして自分の発した答えに、わたし自身が驚いていました。

わたしが女であることは、子どものころからわたしをつかんで離さない謎でしたから、わたしはそれを問いにすることにしました。とりわけ母が専業主婦でしたから、そのうえ不幸な専業主婦でしたから、「主婦ってなあに、何するひと?」「なぜ女は主婦になるの?」「主婦になるとどんなめにあうの?」……と次々に問いを立てていくと、「主婦」研究は奥の深いテーマであることがわかりました。そして「主婦」をつうじて、近代社会のしくみを暴いたのが、わたしの『家父長制と資本制』[1990/2009]という著作です。しかも女が主婦になることは、その当時は「あたりまえ」と考えられていたために、それまで誰もまともに問いを立てたことがなく、したがって先行研究が少ないこともわかりました。

同じように、自分が障害者であること、在日であること、強姦被害者であること……などが、あなたをつかんで離さない問いになるかもしれません。外国で生まれ育ったある日本女性は、自分が女であることよりも、「日本人」であることのほうが謎だった、と言います。置かれた環境や、経験の違いによって、その人の解きたい問いはさまざまです。ですが、ほんとうに解きたい問いに出会うことは、研究者にとっては仕合わせというべきですし、ほんとうに解きたい問いでない限り、研究には本気になれないものです。

✝学問は極道だ

わたしは学問を、自分がスッキリしたいだけの死ぬまでの極道、と言ってきました。あるひとが、「学問」を「貧乏人の道楽」と呼んでいましたが、実際は学問にはテマもヒマもおカネもかかりますから、「貧乏人の」というところは当たりません。「極道」や「道楽」ということばを使うのは、他にもある音楽や演劇やさまざまな「極道」にくらべて、学問に特別の価値があると思わないように自制するためです。放っておくと学問は、さまざまな人間の文化的営為のなかで、自分が一番エライと慢心する傾向がありますから。
問いを立てる、はつねに自分の問いを立てることを意味します。その問いは他人から与えられたものではありません。だから自分の研究が世に報われなかったり、ポストが得られなかったりすることを嘆く大学院生諸君には、いつもこう言うのです。……誰から命じられたわけでもない自分だけの問いを自分で解く、そんな極道をやっているのに、いったい誰に文句をいうのか、こんな贅沢があろうか、と。

注

（1）北海道浦河にある精神障害者のための自立支援組織。「当事者研究」の発案者でソーシャルワーカーの向谷地生良らによって設立された。『べてるの家の「非」援助論』［2002］『べてるの家の「当事者研究」』［2005］などが有名。

（2）女性に関する学際研究 interdisciplinary studies on woman にすぎなかった領域を「女性学」と命名し、「女性の女性による女性のための学問」と定義を与えたのは、井上輝子［1980］である。

Ⅱ 海図となる計画をつくる

3　先行研究を批判的に検討する

†先行研究とは何か?

研究とは、まず問いを立てることが出発点でした。これを research question といいます。

研究に値する問いとは、答えが出る問いであること、手に負える問いであること、経験的に検証可能な問いであることです。実存的な問いや宗教的な問いは、経験科学の研究主題には向きません。

問いが立ったら……まず自分が立てた程度の問いには、必ず似たような問いを、自分以前の誰か、自分以外の誰か、がすでに立てているもの、と覚悟しましょう。まったくオリジナルな問い、他の誰も思いついたことのない問いを立てることは至難です。オリジナルだと思っても、それは他の誰かがすでに試みた問いと答えを知らないだけの、無知からかもしれません。

自分以外の誰かがすでに立てた問いと答え……の集合を、学問の業界では「先行研究」と呼びます。英語では existing literature、つまりすでに目の前にある、文字で書かれたものの集合のことです。

先行研究の検討が必要なのは、自分の立てた問いのどこまでがすでに解かれており、どこからが解かれていないか、を確認するためです。もしすでにどこかに答えがあって、あなたがそれを知らないだけならたんなる無知ですし、すでに解かれていてその答えにあなたが深く納得すれば、それ以上、その問いを追いかける必要はなくなります。どこかに解があることを知らずに、自分の問いに取り組んで、一生懸命答えを出してみたら、すでに解かれていた答えと同じだった、ということもあります。その場合は「ご苦労さま」というだけのこと。自分自身に「納得」という報酬は得られますが、「知の共有財」である学問の世界に付け加える価値は生まれません。(1)

研究は突然変異のように、情報の真空地帯には生まれません。あなたの立てた問いそのものが、これまであなたが経験し、接してきた膨大な情報の蓄積から、派生したものであることが多いでしょう。

第1章で述べたとおり、情報とはテキストとテキストのはざまから発生する、ノイズの一種です。したがって既にあるテキストが何かを知っていることが、新たな情報を産み出す条件になります。文学テキストと研究論文との大きな違いに、参考文献をつけるかつけないかがありますが、「参考文献」とは先行研究のリストでもあります。つまりその論文が負っている情報の集合のことです。ほんとうを言えば、文学だって先行のテキストに多くを負っているはずですが、そのことを忘れているか、自覚しないだけでしょう。

先行研究について知りたければ、いちばんかんたんなのは、あなたが影響を受けたり、違和感を覚えたり、反発したりしたテキストに記載されている参考文献を芋づる式にトレースしていくという方法があります。いったん「参考文献」の山に踏みいったら、その先にさらに別の論文の「参考文献」が登場します。そのテキストとテキストの織りなす網の目をたどっていけば、どこに何があり、何がないか、が見えてきます。これを間テキスト性 intertextuality といいます。テキスト間の引用、影響、対抗など、複数のテキストのあいだにある関係を指します。どんなテキストもテキストの真空地帯には生まれません。情報生産とは、このようなテキストの在庫に、新たに何かを付け加えていく作業です。

何度でも言いますが、「知の共有財」である学問には、自分の研究が先行する何に負っているかの手の内を情報公開する、というルールがあります。こういう材料をそろえて、こういう手順で料理すれば、あなたにもきっとこんな味の再現ができる、というクッキングのレシピみたいなものです。材料はわかったが、この味はどうやって出したのか、どうしてもマネができない、という秘技や名人芸は——もちろん学問の世界にもままありますが——アートに属します。研究者はあくまでアルチザン（職人）です。だからこそ、研究は学ぶ（真似ぶ）ことも教えることもできるのです。

第1章でも述べましたが、オリジナルであるためには、すでにそこに何があるかを、知らなければなりません。すでにそこに何があるかという膨大な情報の蓄積を知っていることを、「博識」とか「教養がある」といいます。が、教養があるだけではオリジナリティは生まれません。反対にオリジナルであるためには教養が必要です。教養とオリジナリティは相反するものではなく、ほんらい補完しあうものです。

✝先行研究をフォローする

先行研究の蓄積をたどることを「フォローする」といいますが、どうやればいいのでしようか。

昔と違っていまは電子データでのオンライン検索が容易になりました。自分の問いのなかから核心的なキーワードをいくつか選び出し、書物、雑誌、専門誌等で検索をかけてみればよいのです。昔は雑誌論文は、索引データにあたらなければならず、テマヒマがかかったものですが、いまはパソコンに向かったままデータを得ることができます。そのために、検索にひっかかりやすいようなキーワードを、論文に記入しておくことも求められます。最近では専門誌や学術ジャーナルのオンライン化が進んできたので、電子データをそのまま入手することもできます。一昔前は、検索した論文を図書館でコピーしつづけるのが研究者の一仕事でしたが、そして膨大なコピーの山を作っただけで達成感を味わったりしたものでしたが、そんな時代は終わりました。

先行研究のフォローのために、次の条件には注意しておいてください。

（1）単行本ばかりを追うのは十分ではありません。あるアイディアが書物のかたちをとって刊行されるまでに数年。そのあいだに実は情報は古びていることが多いものです。情報の鮮度は雑誌やミニコミ、専門誌のほうがはるかに先行しています。マスコミが取り上げたり、書物として刊行されるときには、業界のなかでは「常識」になってしまっていることが少なくありません。「専門家」と称するひとびとの多くは、その筋の業界の情報を大衆化する転轍機の役割を果たしています。どんな問いにも、それに関わる専門家たちがおり、そのひとびとのあいだで何がすでに議論されているかを知ることは、たいへん重要です。

(2)だからといって、専門分野だけに閉じこもっていては、先行研究の見落としがでてきます。学問の分野はますます領域横断的に――学際的 interdisciplinary であるだけでなく超域的 transdisciplinary に――なってきました。たとえば「摂食障害」をテーマに選べば、ただちに心理学や精神医学の分野だと考えるひともいるでしょうが、社会学も文学も、「摂食障害」を取り扱っています。最近では「摂食障害の人類学」[磯野2015]も登場しました。もしかしたら「摂食障害の政治学」や「摂食障害の哲学」などもありうるかもしれません。同じ主題を異なる分野や異なる文脈に置いたとき――あなたが予想もしなかった問いと答えが、すでに登場しているかもしれません。

(3)ここからはややハードルが高いですが、言語の壁を越えてください。日本語で検索できるのは日本語圏のみの情報です。何も各国語に通じよとは言いません[2]。少なくとも世界共通語となった英語による――英語圏とはもはやアングロサクソン諸国を指すのではなく世界を含みます――情報を、キーワード検索するくらいのことはしてほしいものです。裏返しにいえば、日本語で発信した情報は言語という非関税障壁があるために、日本語圏から外には出て行きません。世界のグーグル検索でひっかかるのは英語のみ。泣いてもわめいても、この英語帝国主義の現実からは逃れられません。だから英語での情報発信はとても大事なのです。

†凡庸な問いには先行研究が多い

やってみたらすぐにわかりますが、世の中には膨大な情報量があります。キーワード検索をしてみたら、あるいは複数のキーワードを入れて絞り込みをしてみても、あまりの情報量にくらくらして、もはやその時点で、これから先の情報の大海へ乗り出す気持ちを失うかもしれません。

先行研究には次のような傾向があります。

それは誰もが思いつくような凡庸な問いには、先行研究が大量に存在すること、反対にめったに他人が思いつかない問いには先行研究が少ないことです。ためしに「地球温暖化問題」という問いを立ててみてください。たしかにまだ解の出ていない問いではありますが、まず問いが巨大すぎて手に負えません。また膨大な先行研究がありますので、それをインプットするだけでも一生かかるでしょう。それに言語圏を超えた情報が蓄積されています。こういう巨大な問いにはたいがい専門家集団や業界というものが成り立っていて、そのひとたちは詳細なデータを蓄積していますし、ほとんどフルタイムで研究に従事しています。相手にしてもとうていかないっこありません。負ける勝負は最初からしないものです。

が、たとえば「地球温暖化がりんご産地青森に与える影響」と問いを絞ってみたらどうでしょうか。最近温暖化のせいで、りんごの発色が悪くなっているといいますし、エルニーニョ現象がもたらす想定外の台風の北上被害で、収穫直前のりんご農家は大打撃を受けています。これなら先行研究はかなり絞り込めそうです。とはいえ、こういう気候変動や農産物の変化については長期にわたる科学的なデータの蓄積が必要ですし、なにしろ産地の死活問題ですから、青森県産業技術センターや農業協同組合がとっくに取り組んでいることでしょう。調べてみたら何と、青森県産業技術センターには「りんご研究所」というのがありました。

なら「青森県のりんご生産者に見る地球温暖化対策」ではどうでしょうか。対策の決め手は見つからなくても、りんご農家が何に苦労しているかはわかるかもしれません。これなら手に負えそうです。先行研究もそんなに多くはないことでしょう。それにまだ解の出ない問いに対して、県や農協、生産者、そして販路など多様なステークホルダー（利害関与者）が試行錯誤する現状の問題点を分析し、先行きを示唆することもできるかもしれません。

先行研究が多ければ、情報量が多いために研究は一面ではやりやすくなりますが、他面ではオリジナリティを発揮するハードルが高くなります。反対に先行研究が少なければ、手がかりになる材料がないために五里霧中で進まなければなりませんが、その分、過去の蓄積に縛られず自由にアプローチすることができます。何より、その分野でのパイオニアになり、第一人者になることもできます。何しろ他に競合相手がいないのですからね。その代わり、「なんでそんな変わったことをやるの？」と不審がられたり、誰にも理解されず、孤独を味わわなければなりません。

一橋大学教授の佐藤文香さんは、『軍隊とジェンダー』［佐藤2004］研究の日本における第一人者ですが、今から二〇年近く前に彼女が「自衛隊の女性」を研究テーマに選んだとき、先行研究はほとんどありませんでした。なんでそんなにマイナーな（売れない）研究をするのか、と周囲から理解を得られないなかで、彼女は孤軍奮闘してきましたが、「自衛隊の女性」研究がほぼ空白だったことには、いくつもの理由がありました。

（1）まず自衛隊研究はあっても軍事史や組織論の分野に限られ、「ジェンダー」という切り口はありませんでしたし、女性は軍隊のなかでは圧倒的な少数派で「見えない」存在でした。（2）他方ジェンダー研究の側では、軍隊という「女無用の集団」は、視野から漏れていました。それだけでなく女性のあいだにあるねづよい平和主義が、「軍隊の中の女性」という主題に直面することを躊躇させてきました。（3）それだけでなく、日本には「自衛隊」研究に対する政治的なタブー意識がありました。自衛隊は軍隊ではない（「軍事力」ではなく「実力」と呼ぶのだそうです）、自衛隊を軍隊と認めたとたん、違憲の疑いすらある軍事組織を既成事実として認めてしまうことになる、という政治的なタブーです。世界には「男女共同参画」の軍隊がたくさんあり、「軍隊とジェンダー」は国際的には注目を集めるテーマだったにもかかわらず、彼女が博士論文を書いたときに「軍隊とジェンダー」というタイトルを使うことは許されず、「軍事組織とジェンダー」というハンパなタイトルになったぐらいです。なぜなら「自衛隊」を「軍隊」と表現すれば、それだ

けで「自衛隊＝軍隊」を認めたことになるというリクツからです。(3)

学位論文をもとにした佐藤さんの単著の帯に寄せた、わたしの文章をご紹介しましょう。

「軍隊への男女共同参画は、究極の男女平等のゴールなのか？　イラクのアメリカ軍女性兵士に目を奪われているあいだに、日本の自衛隊にも女性自衛官が着々と増えつつある。女も男並みに戦場へ…は、もはや悪夢でなく、現実だ。

フェミニズム最大のタブーに挑戦する本格派社会学者の登場。」

われながらうまい文章だと思いますが（笑）、予言したとおり、佐藤さんは今では自衛隊のジェンダー研究の第一人者ですし、世界の「軍事化とジェンダー」研究者ネットワークのキーパーソンのひとりとなっています。

†誰も立てたことのない問い

誰も立てたことのない問いといえば、忘れがたい学生がいます。卒論のテーマに「中絶」を選んだ女子学生がいました。そんなテーマを選べば、学友たちから「中絶経験者」という目で見られるというリスクを冒すことになりますが、それを承知で取り組みたいと言いました。女性学の分野で「中絶」がようやく主題として浮かび上がる頃でしたから、中絶に関する書物を数冊紹介しました。一週間後、彼女はその本を返しに研究室に来て、「これはわたしのやりたいことではない」と言いました。彼女がほんとうに解きたい問いとは、「中絶した後、セックスの再開をどうするか?」という問いでした。そしてその問いが彼女にとって切実な問いであることもわかりました。

ううむ。わたしは中絶について相当量の文献を読んでいましたが、寡聞にしてその問いに踏み込んだ先行研究を目にしたことがありません。それどころか中絶した女性が産婦人科医に「性生活の再開をいつどのようにしたらよいのか」と尋ねることもはばかられるような状況でしたし、それだけでなく、中絶させた男とのあいだにあるトラウマや心理的抵抗を乗り越える困難に触れるものはありませんでした。

中絶に限らず、女性の象徴と思われている乳房や子宮の摘出手術を受けた後で、夫が妻を「女でなくなった」とあからさまに蔑視し、セックスするのをいやがるような時代でした。のちにアメリカの「女性と健康」に関する文献を読んだときに、婦人科系の手術をした後、女性が性的自信を取り戻すには、という項があって、それにはこう書かれていました。「夫以外の男性とセックスすること」。そのあまりに実践的なアドバイスに、唖然とし、そして感心したものです。

さて、件の彼女にわたしはこう告げました。

「困ったわね。あなたの問いに答える先行研究はないわ。それならあなたが自分でデータを集めて研究するしかないわね」

そのとおり、彼女は同じような状況を経験した同世代の女子たちにインタビュー調査を実施し、自分が納得できる卒論を書いて卒業していきました。

†分野と言語圏を超える

先行研究のフォローにあたって、いくつか参考になる示唆をしておきましょう。

研究は対象と方法のセットからなっています。研究の対象となるキーワード、たとえばここでは「自衛隊」「女性」を検索しても、それほど多くの情報は得られないかもしれません。ですが、自分が直接対象とする素材についての情報は少なくても、それとよく似た他の分野の他の対象を研究する方法から、多くを学ぶことができます。たとえば「自衛隊と女性」研究なら、「NATOと女性」「米軍と女性」研究等が、先行研究として何よりの力になってくれるでしょう。あるいは組織論や経営学が示唆を与えてくれるかもしれません。「軍隊」という主題をいったん離れたら、職場としての自衛隊のなかの女性の処遇は、総合職と一般職の違いに対応するようなものかもしれません。だからこそ、分野を超え、言語圏を超えることが重要なのです。

それだけでなく、膨大な先行研究を前にして、茫然自失することがままあります。自衛隊について研究しようと思えば、戦後政治史も知らなければならないし、旧軍隊からつらなる組織や人脈、安全保障政策、日米関係、軍事史、装備、訓練など知らなければならないことが次々に出てくるでしょう。ですが research question が鮮明に立っていれば、その中から、自分の問いにとって必要な情報と不必要な情報とを選別することができます。問いとは現実を切り取る角度のこと。ですからその視角に入ってこないものは、とりあえず脇に置いておいてよいのです。

†「批判的」であること

本章の最後に大切なことをお話ししましょう。先行研究の検討に、どうして「批判的」がついているのでしょうか?

あまたある先行研究に説得され、納得してしまえば、もはやあなたがその問いを解く必要はなくなります。「批判的」とつくのは、あなたがすでにある答えに納得していない、ということを意味します。オリジナリティとはすでにそこにあるものとの距離、違和感、差異……だからです。自分の問いは先行研究で八割までは解かれている、だがあとの二割は問いも立てられていないし、解かれてもいない……どんな書物や論文を読んでも、きっとそう感じるはずです。

ですから上野ゼミでは、どんなに偉い大家の論文でも、「批判的に読む」という訓練をしてきました。なかには「説得されて、何も言うことがありません」という学生もいました。ですが、そんなことはありません。ウェーバーはウェーバーの問いを解いたのですし、フーコーはフーコーの問いを解いたのです。あなたの問いは、あなた以外に他の誰も代わって解いてはくれません。あなたの立てた問いには、かならずまだ解かれていない残余があるはずです。

「批判的」とは、そこにあるものではなく、そこにないものを見抜く力を言います。ただのないものねだりではありません。そこにないものを見いだすには、空白の上に足を置いて新しい視角を創造するような構想力が要ります。なに、ほんのささいな指摘でじゅうぶんです。あれが足りない、これが不十分、ここが気に入らない、これでは説得されない……と。

上野ゼミの文献講読では、要約を求めませんでしたし、許しませんでした。文章はそれを書いた本人がいちばんよく説明できる、それ以上の説明を著者に代わってできる者はいません。だからこそ、解説書や入門書ではなく、たとえ短くても著者本人が書いた原典を読むということを大事にしてきました。偏差値優等生は「次の文章を読んで何字以内に要約せよ」という訓練を何年間も受けてきますが、テキストの要約からは何も生まれません。正解はもちろん必要ですが、場合によってはテキストの誤読からさえオリジナリティは生まれます。テキストを読んで、それからどれだけ距離をとったか、がオリジナリティになります。上野ゼミにゲストで来たひとは、学部生がいっぱしの口をきいて、エリクソンやブルデューを批判するのを聞いて呆れかえったものですが、それでいいのです。批判はいつでも、後から来た者 late comer の特権だからです。

図表3－1に、上野ゼミで使用した文献報告のフォーマットを挙げておきます。

テキストを読んで報告しろ、と言われても、やったことのないひとは急にはできないものです。要約抜きにコメントを、と要求すると、小学生なみの感想文を書いてくる学生もいます。フォーマットがないと、自分勝手な思いつきを書いてくるので、それならいっそと、フォーマットをつくることにしました。テキストはこう読め、という見本です。この

担当テクスト：
報告者：
著者紹介：

1　主題

2　対象

3　方法

4　検証の妥当性／発見／意義と効果

5　方法の限界と問題点

6　その他のコメント

ハンドアウトは以下の要領で作成してください。

1. 要約はしない。
2. 著者の略歴と紹介
3. 本論の研究史上の位置
4. 問いは何か？
5. 対象と方法は何か？
6. 発見の内容とその妥当性、意義は何か？
7. 分析の問題点、方法の限界、批判点は何か？
8. 論述、文体、表現は適切か？
9. 本論の発展および応用可能性はあるか？

図表3－1　文献報告（hand-out）のフォーマット

フォーマットにある項目をよく見ると、研究論文とはこういうふうに構成されているという順序を逆にさかのぼって腑分けする、つまり解剖台に載せていることがわかるはずです。論文とは完成品。構造物をパーツに分解するように、論文の成り立ちを分解していけば、どんな論文にも秘密はなくなります。よい論文を書くための方法は、たくさんのよい論文を読むことですが、そのために文献講読という授業が大学にはあるのですが、これまでの方法はいわば徒弟奉公のようなもの。師匠の背を見て芸を盗め、みたいなものでした。それをこのようにパーツに分解するフォーマットで読み解けば、名人芸のように書かれた論文でも一定の構造物として読み解くことができます。あとは、いったん解体したパーツを組み立て直す、つまり自分でも同じような構造物を作るノウハウを学べばよいのです。

†指導教官などいないものと思え

行き場のなかった京大の大学院生時代、研究室の主任教授とうまくいかなかったわたしは、利害関係のない隣接分野の先生方の研究室に、シェルターを求めて出入りしていました。そのなかには教育学の筧田《といた》知義先生や、人類学の米山俊直先生がいらっしゃいました。そのひとり、社会心理学の木下冨雄先生から言われたことばが、いまでも忘れられません。

自分の研究が誰にも理解してもらえず、指導してくれそうな教授も見つからない……とこぼしたときのことです。木下さんはこう言い放ったのです。

「自分の研究に指導教官（当時はまだ国立大学の教師は「教官」でした、「官学」でしたから）など、この世にいると思うな。もしいたら、そんな研究はやる値打ちのないものと思え！」

目が覚めました。ご自身でも、まだ日本には存在しなかった「社会心理学」という新しい分野を開拓して、みずから教授のポストに就いた木下さんらしい発言でした。そうしてわたし自身も、「女性学」という、それまで存在しなかった新しい学問分野を切り拓くパイオニアになりました。

結局、本章も「問いを立てる」ことについての論になってしまいました。というのも、先行研究のフォローとは、何が問い残されているか、立てるに値する問いとは何か……をあぶりだすためのものだからです。

ですから先行研究は、論文の順序では「問いを立てる」の後に出てきますが、実際には先行研究の蓄積があるからこそ、立てるべき問いにたどりつくというほうが多いでしょう。

先行研究をその議論の布置を俯瞰してまとめた論文を review essay と呼ぶことはすで

に紹介しました。学問の分野では、目配りのよい review essay を書くこともひとつの業績ですが、それだけでは研究にはなりません。「学説史」という分野がありますが、その場合でもすでにあるテキストをどのような文脈に置き直すかについてのオリジナリティが問われます。

「先行研究の批判的検討」とは、自分が立てた問いの正当性を主張し、本論に入るための前提条件にすぎません。そしてほんとうにオリジナルなのは、ここから先の、先行研究では答えの出ていない問いに答えることです。

注

(1) もちろん科学の世界には追試というものがあるし、他の資料を使って同じ発見に至ることを確認するのは、それ自体重要なことではある。

(2) 原語で読むことまでは要求していない。日本は翻訳大国で、少数言語も含めて各国語の文献が日本語で読める点では、日本語を習得さえすれば世界の情報が入ってくるコスパのよい言語。英語はたしかに世界語だが、英語に翻訳される前に日本語に翻訳される文献はしばしばある。漢字文化圏の研究者のなかには、日本語習得を通じて世界事情を知る人たちもいるくらいだ。

（3）日本の研究者がタブー意識にとらわれているあいだに、ドイツ人の女性研究者が、日本の自衛隊研究を手がけていた［Frühstück 2007＝2008］。

4　研究計画書を書く

✝研究を予告する

さあて、問いが立ったら、研究計画書に入りましょう。

研究計画書とは、これからこんな研究をやるぞ！　という第三者に対するマニフェストのようなもの、自分自身にとっては、これからこの方向に進むぞ、という羅針盤のようなものです。なにしろ、答えのない問いに取り組むというのは、海図のない航海に乗り出すようなものですから、どの方向に進めばよいか、羅針盤は不可欠です。

研究計画書にはフォーマット（書式）というものがあります。勝手に書いてはいけません。大学院に進学するときは必ず書かされますし、研究費を獲得するためにも書かなければなりません。研究業界とはおもしろい業界で、やった成果に対して報酬が出るのではなく、これからこんな成果を出すよという予告に対して、先行投資をする先物買いの業界なのです。

　財政の逼迫した昨今の大学では、研究者は、ますます「外部資金」という名の競争的な研究費を、文科省の科学研究費（もとは国民の税金です）や民間の財団からゲットしてくるよう、要求されています。ですから、研究計画書は、スポンサーがふところからおカネを出す気になるように、魅力的に書かなければなりません。

　ここで研究という名のあなたの個人的な「極道」は、社会と接点を持つことになります。誰に頼まれたわけでもないあなたの研究主題は、第三者が投資してもよい公共的な価値を持ったものと評価されます。研究にはおカネもヒマもかかります。とくに経験的な研究は、紙と鉛筆だけからは生まれません。フィールドに調査旅行にも出かけなければなりませんし、録音や撮影機材も必要です。だから研究は「貧乏人の道楽」というわけにはいかないのです。とくに税金からおカネを出してもらうには、納税者に還元できる内容でなければなりません。

　したがって、プロの研究者とは、一生、研究計画書を書き続けている人々のことと言ってもかまいません。

(1)　研究テーマ
(2)　研究内容
(3)　理論仮説＆作業仮説
(4)　研究対象
(5)　研究方法
(6)　先行研究および関連資料
(7)　研究用機材・研究費用
(8)　研究日程
(9)　本研究の意義
(10)　本研究の限界

図表4－1　研究計画書（標準版）

†研究計画書には書式がある

研究計画書のフォーマットを挙げておきました。フォーマットには標準が決まっており、どれも大同小異、いくらかの順番の入れ替えはありますが、そんなに違いません【図表4－1】。

順番に説明しましょう。

(1)研究テーマ

自分の研究の主題を適切に言語化するのは、たいへん重要です。主題は一行以内で。副題を付け加えてもかまいませんが、一行で説明できれば、副題などないに越したことはありません。

たとえば「訪問看護師はなぜ増えないか？」などのように、リサーチ・クエスチョンResearch question をずばり言語化すれば、それだけでこの研究が何を問うものかが読み手に伝わります。

最低なのは「高大接続の諸問題」などというもの(1)。「諸問題」というだけで、アウトです。何も意味していないからです。「高大接続の課題」とか「高大接続をめぐって」なども、何が言いたいのか伝わりません。これを「大学初年次教育はなぜ必要か？　高大接続をめぐって」なら、やや問いがはっきりしてきます。

(2)研究内容

研究主題は一行か、せいぜい二行まで。これを数行からせいぜい二〇〇字程度で説明します。たとえば例にあげた「高大接続問題」ならこうなります。

「大学進学を果たした新入生の多くが、入学後キャンパスに適応できず五月病などになることが知られている。近年、まったく教育システムの異なる高校と大学教育を橋渡しし、新入生を大学へとガイダンスする初年次教育の必要性が叫ばれるようになった。その実践例を通して、初年次教育がなぜ必要か、その効果は何か、何が課題かを明らかにする」

……これならこれから何を研究するかがよくわかるでしょう。

(3)理論仮説&作業仮説

仮説とはかんたんに言うと、「思い込み」や「予断」の別名です。というのも、まったく白紙の状態で研究に乗り出すひとはいないからです。そもそも問いを立てた時点で、研究者にはすでに前提となる予断があるからこそ、問いが問いとして成り立っています。たとえば高大接続問題を、「過度の受験競争からくるバーンアウトかな」と思っていれば、問題は心理問題となります。また「担任もクラスもない大学での孤立から?」と思えば、組織問題となります。教養教育の質の低さやマスプロ授業の弊害なら、問題は教育カリキュラムになります。また大学全入時代を迎えて授業についていけない学生の問題なら、学力問題になります。以上の要因のひとつまたはそれ以上の複合的な要因から来ているとも考えられます。それぞれには異なる方法があり、異なる先行研究と異なる情報が必要となります。

理論仮説が「過度の受験競争によるバーンアウトが大学進学後の適応を困難にする」のようなものだとすれば、作業仮説とはそれを検証可能な経験的命題に置き換えたものを言います。この仮説を「過度の受験競争」という制度的問題に還元することもできますが、すべての学生が不適応を起こすわけではありませんから、たとえば「過度の受験競争」のプレッシャーの元に置かれている学生とそうでない学生を区別して比較する、という方法が有効でしょう。その際、作業仮説は「浪人経験生と推薦入学生では、前者のほうが後者にくらべて進学後適応に困難を覚える度合いが強い」といったものになります。浪人経験生の方が「過度なプレッシャー」にさらされていると、推論可能だからです。これなら具体的な対象を設定して、検証することが可能です。もし「進学後の孤立が適応の障害になる」という組織上の問題なら、「クラスと担任制度の有無が適応の度合いを左右する」という仮説を証明すればよいことになります。大学によっては、クラスと担任制度を導入したところとそうでないところがありますから、その両者を比較するか、あるいは、同じ大学で担任制度を導入した年度以前と以後とで変化を比較する、という方法が採用可能です。

それぞれの仮説にともなって、何を対象に選び、どういう方法を採用するかが違ってきます。ただし、それぞれの場合において、「バーンアウト」とはどのような状態を指すのか、どうやって測定するのか、「適応」とは何か、「適応の程度」をどのように測定するのか……という問題が押し寄せてきますので、それらに答える用意をしなければなりません。

これが仮説検証型の研究です。リサーチ・クエスチョンに対してあらかじめ想定できる答えを用意して、それが正しいか間違っているかを、経験的な証拠を示して証明します。仮説が正しければ検証されたことになりますし、間違っていれば反証されたことになります。仮説は部分的には正しいが、部分的には間違っていることもあります。仮説を超えた現象や要因が発見されることもあります。そして仮説を裏切る新しい発見があることほど、研究者にとってうれしい報酬はありません。

仮説を立てられない、ですって？　そういう人には、実は、裏ワザがあります。仮説は予断と偏見の別名、これなしで海図のない航海にのりだすひとはいない……のは事実ですが、よくわからない対象に、「これは一体何だろう？」「そこで何が起きているんだろう？」という好奇心からアプローチすることもあります。こういう場合には「仮説は何か」と言われても、思いつかないものです。仮説は研究の前にではなく、研究の過程を通じて研究の後に浮かび上がってくることもあります。こういう研究に、「仮説生成型」とうまい名前をつけたのは箕浦康子さんです。(2) ですから「キミの研究の仮説は？」と聞かれてうまく答えられなかったら、「仮説生成型です」と答えればよいのです（笑）。

（4）研究対象

問いと仮説が決まれば、それを証明または反証するために、対象と方法が決まります。対象と方法とはセットです。その組み合わせには適切な組み合わせと不適切な組み合わせがあります。

「高大接続問題」を例にとりましょう。この問題をとりあげるのに、新聞や雑誌などのメディアにおける報道を対象としたらどうなるでしょうか？　メディアとは、すでに誰かによって加工済みの二次情報、すなわちセコハン情報の集合。メディアから得られるのはあくまでメディアが加工した情報です。わかるのは「高大接続」が問題として扱われたのはいつごろからか、それはどのように語られたか、という「メディア研究」にほかなりません。キーワード検索をすれば対象となるデータの集合は得られますし、それには限りがありますから、分析も容易ですが、いくらメディアを研究しても（あとで説明しますが、これは「言説研究」の一種です）わかるのはメディアについてであって、大学や学生の実態についてではありません。

ですから、二次情報ではなく一次情報にアクセスするのは大事です。一次情報を得るためには、この問題に取り組んでいる各大学の担当者にヒヤリングするとか、質問紙調査を実施するという方法がありうるでしょう。先進事例と見なされている大学の事例を研究するという方法もあります。それでわかるのは、あくまで大学側の対応にすぎません。大学が高大接続問題をどう捉えているかはわかりますが、その捉え方が適切なのか、そこから生まれた対策が、学生にとって功を奏しているのかどうか……は、別途検証しなければなりません。

高大接続問題とは、そもそも大学側の問題なのか、それとも学生側の問題なのか。それとも双方に原因があるのか……わたしが在学していた頃の大学は全くの放任で、下宿で引きこもりをしていても、大学からドロップアウトしても「自己責任」でした。学生をオトナ扱いしていましたから、学級や担任制度などありませんでしたし、ましてや成績や授業の出席率を親に知らせるなど、論外でした。ですが、今や入学式に両親のほか祖父母がついてくる時代。となると「学生幼児化」仮説があります。精神年齢が低くなった学生に、これまでのエリート養成型大学の放任型教育システムが不適合を起こしているのだと。これは心理還元説と呼んでよいものです。それならそれで、学生の「成熟度」を心理スケールで測定するような実証データを集めなければなりませんし、過去と比較して「幼児化」が進んでいるかどうかの経年変化をみなければなりません。そして学生の「成熟度」と進学後の「適応度」とが、高い相関を示すことを証明しなければなりません。かんたんな仮説でも、証明するのはテマヒマがかかります。

大学進学率が上がり、お客さん（マーケット）が変貌したからそれに大学側が対応を迫られる……のは当然といえますが、「高大接続問題」のような問題ひとつとりあげても、仮説が違えば、対象と方法の組み合わせはがらりと変わることがわかるでしょう。

(5)研究方法

対象と方法のセットで語られる研究方法とは、別名調査方法 survey method とも言います。データ収集の方法のことです。第6章で説明しますが、研究の理論的方法論 methodolgy とは違います。

データには一次情報と二次情報があることはすでに述べました。二次情報こと加工済みの情報が大量に貯蔵されている場所は図書館です。したがって図書館を舞台に、ありものの情報を収集することを図書館調査 library survey ということは説明しました。今ならさしずめインターネット調査 internet survey でしょうか。

情報にはフロー flow とストック stock があります。図書館とは情報のストックが貯蔵されたところ。利用されなければ死蔵品dead stockになりますから、フロー化されたほうがよいことは言うまでもありません。図書館調査も調査には違いありませんが、得られる情報はしょせん第三者の手を介したセコハンもの。器用にまとめても、オリジナルな研究にはなりません。ありものの情報を異なる方法で再分析して、見違えるような発見に導くことも可能ですが、経験研究なら、他の誰のモノでもない、一次情報を収集することをめざしましょう。

なら、誰から（どこから）、何を、どれだけ、どうやって情報収集するか、この調査計画を立てるのがこの項目です。ここで大事なのは、第2章で述べた情報アクセスの実行可能性feasibilityです。その情報はどこに、どれだけあるのか。アクセス可能なのか。手に負える量と質なのか……たとえば「レイプ加害者の研究」にあなたが関心を持ったとしましょう。このテーマでは、対象にアクセスする機会はいちじるしく限られます。どんなに強い関心を持ったとしても、入手可能でなかったり、またそのためのハードルが高いデータは、あきらめたほうが無難です。研究の対象と方法を選ぶのに、接近可能性accessibilityの高いデータを選ぶというのは、賢明な態度です。そしてどうしてこの対象を選んだのか、と訊かれたときに、「アクセスが容易だからです」と答えるのは、ちっとも恥ずかしいことではありません。

ありがちな研究主題ですが、「人生相談にみる世相の変遷」という問いがあります。さいわいに昔と違って今は、新聞のデータベース検索ができますから、データアクセスは容易です。ならどのメディアを選ぶのか。「読売新聞」の「人生案内」は二〇一六年で百周年を迎えた人生相談の老舗、相談者も回答者もまじめそうですから、「世相を反映している」と仮説を立てましょう（まちがっても「朝日新聞」土曜版be面の「悩みのるつぼ」など、選んではいけません。だいたい名前からしてふざけています）。検索して出てくる件数は数十万件、とうてい手に負えるボリュームではないとわかれば、ブレイクダウンしましょう。期間を限定する、主題を限定する、相談者の性別・年齢を限定する……など。そうすれば、「介護保険施行後の日本における新聞人生相談欄にみる介護問題」といったテーマに取り組むことができます。介護保険以前と以後では介護状況は大きく変わっていますから、介護保険施行以後に限定すれば期間は一八年間、相談の中でも「介護問題」に限定すれば、対象となるデータの件数はかなり抑えられます。

ただし、サンプルバイアスを考えなければなりません。そもそも「新聞読者」とは何者か、そのなかでも「読売新聞」読者とはどんな層か、わざわざ「人生相談」を投稿するのはどんな人々か。若者はとっくに新聞離れをおこしていますから、この研究でわかるのは中高年層の動向だけかもしれません。それに新聞社による選別や編集も入っていることでしょう。となると、この研究の予期せぬ発見は、「もはや新聞は世相を反映しない」というものかもしれないのです。

学生から研究対象と研究方法が出てくると、わたしは「誰に聞くの?」「サンプルはどれだけ?」「アクセスはあるの?」そして「手に負える件数なの?」としつこく尋ねます。やりたいことより、できること。とりあえず目の前にある手に負える課題を解いてみて、そうか、こうやれば解けるんだ、と達成感を味わうのがとても大事です。

(6) 先行研究および関連資料

先行研究については第3章で述べました。一次情報、二次情報を含めて、利用可能な情報がどこに、どれだけあるか、を知っていることは重要です。それを知っていることがこれから出帆する海図のない航海を、安全なものにします。研究計画書を評価する側からすれば、問いを立てた者がどれだけ予備知識を持っているか、問いが適切に立てられているか、答えに到達することが可能か……を判定する根拠になります。

(7)研究用機材・研究費用

何度も言いますが、研究にはカネもテマもヒマもかかります。研究資金を獲得するためにはこの項目は必須ですが、わたしは学生の研究計画書にも必ずこの項目を書いてもらうことにしていました。書いてもどこからもおカネは出ないけれど、研究はタダではできない、と自覚してもらうためです。それだけでなく、魅力的な研究主題なら、あわよくばスポンサーをゲットすることも夢ではないかもしれません。自分の研究がどれだけのコストをかけるに値するのか、コスパ意識を持ってもらうためでもあります。

(8)研究日程

この項目も必ず書いてもらいます。というのは、一年で解の出る問い、三年で解の出る問い、一〇年で解の出る問いと、一生かけて取り組まなければならない問い……では、問いのスケールが違うからです。

大学のゼミは通年が原則。そのあいだに問いを立て、対象と方法を決定し、データ収集と分析を行い、答えを出し、それを論文という名のアウトプットにするというワン・ラウンドを経験してもらわなければなりません。ですから一年で答えの出る問い、に問いを焦点化するfocusとか、ナローダウンするnarrow downことを要求します。ナローダウンとは、「風呂敷を畳む」こと。初学者は大きくて漠然とした問いを立てがちですが、いったん拡げた大風呂敷を小さく畳んでいくことも覚えなければなりません。そのときに、何を捨て、何を最後まで捨てないか……そこで問われるのがつねに問いの「初心」です。ですから問いが明晰に立っていることの重要性は、いくら強調してもしたりません。

いったん一年かけて経験した問いと答えの解き方がわかれば、それを積み重ねていきさえすれば、それより大きな問いに答えられます。たとえば「人生相談」の一年分のデータ分析ができれば、それを戦後七〇年分、分析することも、量はともかく、方法は同じだとわかります。一年かけた研究成果のアウトプットは、およそ学術誌投稿論文一本分、四〇〇字詰め原稿用紙で三〇枚から四〇枚分の成果物として得られます。最近は論文やレポートも六〇〇〇字とか二万字とか文字数で指定されていますが、メートル法より尺貫法が身についている人々がいるように、わたしのような世代は四〇〇字詰め原稿用紙換算するほうが原稿のボリュームが身体的に実感できますので、こちらを採用します。

東京大学では、社会学専修課程の学部生は、二年間で二〇〇枚、およそ新書一冊分の卒論を書いて卒業していきました。いったん三〇枚の論文を書く作法を身につけられれば、およそ七章分、三〇枚の原稿を書けば合計二〇〇枚になる、というものです。学部進学後、最初のガイダンスでそのハードルを聞いた学生はみんな絶句しますが、わたしはこう言ったものです。

「だいじょうぶよ、これまで卒業したひとたちは、みんなこのハードルを越していったんだから（笑）」。

事実ではあります。書けなければ卒業できないだけですから。

(9)本研究の意義

(10)本研究の限界

研究計画書はここで終わりません。「研究の意義」と「限界」を書く項目が残っています。研究計画書とは、今からこんな研究に取り組むよ、というアドバルーンのようなもの。まだ達成してさえいないのに、はやばやと「意義」と「限界」とは、と思われるでしょうが、「意義」とは、この研究の成果にいかなる研究上の利益や、社会的な貢献があるかを、主張する部分です。なにしろまだ研究に取り組んでもいないのですから、ここは思う存分、アドバルーンを打ち上げてもかまいません。

そのうえで、この研究を実現したら、いったい何を達成したことになるのかのみならず、何が取り残されているのか、この研究ではどこまでが解けるが、どこからは解けないか、が自覚されているということが大事です。それは研究業界における自分の研究の位置を相対化できる能力があるということを示すからです。第三者に評価してもらうまでもなく、自分自身がそれを知っている、ということは、ありうる批判に対するディフェンスにもなります。

たとえば「現代学生の性意識」について質問紙調査にもとづく研究をしたとしましょう。意識調査という方法の制約から、おのずと意識についてはわかるが行動についてはわからないという限界がありますし、仮に「意識と行動」双方についての調査項目がはいっていたとしても、わかるのは自己申告データであって、実態ではない、と言うべきでしょう。人は訊かれたことにしか答えないものですし、訊かれたことにさえ粉飾や誤読がはいりこみます。ましてや性のような私秘性の強いテーマについてでは、回答をそのまま事実と見なすことはできません。

セクハラことセクシュアル・ハラスメントのような微妙なテーマについては、この限界を意識することは重要です。「以下の行為のうち、何がセクハラに当たるか?」を訊ねる意識調査は可能ですが、「こういう行為をこれまでにどれだけ経験したことがあるか?」という行動調査については、女性に「受けたことがあるか?」、男性に「やったことがあるか?」とジェンダー非対称な設問が必要ですし、さらにその調査結果に男女のあいだで認知ギャップがあることが知られています。女性が「受けたことがある」という申告よりも、男性が「やったことがある」という回答は著しく少ないという、加害者と被害者のあいだにジェンダーによる認知ギャップがあるのです。このデータを「事実」として解釈したら、そら見たことか、セクハラは女の被害妄想だ、と言われかねません。裏返しに解釈すれば、「セクハラの加害者は、自分の行為を加害とは認知しない傾向がある」という鈍感さの証明になるのですが。いずれにしても質問紙調査からわかるのは、「自己申告」でしかないという、これがホンモノの「事実」です。

また対象のサンプル数の規模やサンプルバイアス、代表性の問題など、対象と方法の制約からくる、わかることとわからないことの限界がつきまといます。

研究の「限界」については、しばしばこういう問いが立っていない、こういう対象が採用されていないといった「ないものねだり」が指摘されがちですが、そういう場合のディフェンスの仕方を覚えておくことも大事です。「その問いは立てていません（だから答えがないのは当然です）」「その対象はこの調査では採用しませんでした」と、研究の設計のなかにあらかじめ存在しない（ために、結果として登場しない）ものについて、自覚しておくことは必要です。そうすれば「あれがない」「これがない」という指摘にいちいち動揺せずにすみます。限界を知っていることは、研究にとって次の課題が何かがわかっているということでもあります。

ありうるが見落としている限界を指摘されたら、必殺のディフェンス・ワザがあります。そういう時はむやみに言い訳しようとせず、次のように答えるほうがよいでしょう。

「ご指摘ありがとうございます、今後の課題にさせていただきます」

†未完の研究計画書

最後に研究計画書の実例を挙げておきましょう【図表4-2】。二〇〇九年に東大の学部から大学院に進学した上間愛さんが修士課程一年次にゼミに提出した研究計画書です。これがお手本という完璧なものではありませんが、上野ゼミを学部で経験すればこのレベルの研究計画書を書けるようになるというサンプルではあります。テーマの「『婚外子差別

１．氏名：上間愛　　2009/05/28 ver.

２．所属：東京大学大学院人文社会系研究科社会学専門分野修士課程

３．研究テーマ：
「婚外子差別撤廃運動」における家族・個人像と近代家族との距離（共通点／相違点）を探る―「近代家族」の後に来るものは何か

４．研究内容
恋愛結婚イデオロギー・異性愛カップルを基本とした法律婚・家父長制・嫡出性の原理などの特徴を持つ「近代家族」がいかに構築されてきたか、またいかに「近代家族」制度が日本社会においてさまざまな影響を及ぼし、ライフスタイル・学歴・雇用・収入などにおいて男女間の不平等を引き起こしてきたかという点においては、社会学（特に家族社会学）の領域において数多くの蓄積がある。しかし、「近代家族」の問題性を指摘し、批判した先にある「家族」「親子」「パートナーシップ」「個人」とは、「多様である」ということばで形容される以外に、どんな姿であり得るのであろうか。「近代家族」を批判した諸運動（女性の雇用・所得改善、同性婚、「離婚後300日問題」撤廃など）は、一体どのような「家族像」「個人像」を前提とし、目指しているのであろうか。

この問いへの解を探るため、日本における「近代家族批判」を展開してきた運動として「婚外子差別撤廃運動」を取り上げ、彼女ら・彼らが展開してきたロジック（レトリック）を詳細に検討していくこととする。そして、「婚外子差別撤廃運動」の前提としている（理想としている）家族像が、「近代家族」像とどの点で共通しており、どの点で異なっているのか、（別の言い方でいえば、婚外子差別撤廃運動では、「近代家族」のどこまでを許容し、どこから許容しないのか）を明らかにしたい。

そのうえで、「近代家族」批判の先にあるさまざまな「家族」「親子」「パートナーシップ」「個人」の姿を具体的に描出（マッピング）し、その可能性（あるいは、いまだ実現不可能なのは何故か）を探るのが、本研究の狙いである。

５．理論枠組（理論仮説＆作業仮説）
理論仮説：「近代家族」を前提とした諸制度（ここでは戸籍制度・相続制度）の改正を求める際に、「婚外子差別撤廃運動」では、ある理想とする（前提となる）「家族」「親子」「パートナーシップ」「個人」像を作り上げているが、その像は批判対象である「近代家族」との相違点のほかに共通点も持ち、それが多様に存在（ときに相互に矛盾）している。

図表４－２　上間愛さんの研究計画書

作業仮説：「婚外子差別撤廃運動」の担い手の属性（婚外子本人／親、両親／単親、年齢、学歴、職業、収入など）を考慮し、婚外子差別撤廃運動で用いられているレトリックを分析することで、運動の担い手が目指す「家族」「親子」「パートナーシップ」「個人」の姿が多様であることを示すことができる。また、それらと「近代家族」との距離をマッピングすることで、それぞれの理想像（前提像）間の関連を描出することができる。

6．研究対象

「婚外子の差別をなくす会（通称：婚差会）」の方々が発行してきた刊行物・書物・サイト上の情報、また新聞への投書・抗議文・裁判所への訴状を対象とする。「婚差会」の活動開始時期が1970年代であるので、その時期から現在までの時期区分で分析を行う。

7．研究方法

言説分析を行う。前述の通り、1970年代から現在までの約40年間の時期における運動における言説を、担い手の属性との関連を見つつ、分類・分析していく予定である。

8．先行研究および関連資料

略

9．研究用機材・研究費用

今のところなし。

10．研究日程

2009年7・8月　先行研究の検討、資料収集、分析
～10月　理論研究、資料収集・分析
～12月　資料収集・分析
2010年2月～　　論文執筆開始

11．本研究の意義

運動の担い手の言説を検討することにより、「近代家族批判」運動における、「運動」と「担い手」との関連性を明らかにすることができる。そのことにより、その運動がなぜ成功した（もしくはいまだ目標達成していない）のかを具体的に示すことができるとともに、今後の展望を示すことができる。

12．本研究の限界

「婚外子差別撤廃運動」を「近代家族批判」運動の代表として扱っているところに正当性を持たせることができない。（そのほかの「近代家族批判」運動との関連性を示すことができればいいのだが。）

撤廃運動」における家族・個人像と近代家族との距離（共通点／相違点）を探る――「近代家族」の後に来るものは何か」は、主題が範囲を「婚外子差別撤廃運動」に限定しているのに対し、副題が「「近代家族」の後に来るものは何か」と野心的で、狭い範囲でも事例分析を通じて発見を一般化することができる可能性を示唆しています。この研究計画書のよい点は問いが明確であること、そして対象と方法が手に負える範囲でアクセス可能なことです。この研究の「理論枠組み」は近代家族論、対象と方法は、「婚外子の差別をなくす会」の会報と関連文献の言説分析、期間は会の設立からのおよそ四〇年間、期間がある程度長いので、時代区分をすることも予告してあります。

†時代区分をする

ついでに時代区分についてもお話ししておきましょう。対象を選ぶ時にはいつの時代の何を対象にするか、を特定することが必要です。たとえば「占領期の家族法制一九四五―一九五二」「男女雇用機会均等法以後の女子労働」というふうに、対象とする時代を限定します。この期間が一〇年から数十年にわたる場合には、時代の文脈の変化が予想されますから、さらに時代を下位区分します。なぜならどんな社会的な現象も歴史的文脈によって異なる作用をするからです。これを時代区分 periodization と呼びます。

時代区分を六〇年代、七〇年代、八〇年代……というように十進法で区分するのは最低です。なぜなら西暦の十進法は、歴史にとってたんなる偶然にすぎないからです。時代区分には、画期となる epoch-making 指標 index を用います。「画期」とは、文字通り「期を画する」という意味。指標には統計の特異点（上昇が下降に転じる点）や制度の変革、歴史的な出来事、あるいはメディアをにぎわせた事件などをとりあげることができます。

たとえば、景気変動が大きく関与する対象なら、一九七三年のオイルショックと一九九一年のバブル崩壊はふたつの大きな画期でしょう。人口問題なら一九八九年の一・五七ショックが、またセクシュアル・ハラスメントの問題化なら、一九八九年と九七年が画期となります。なぜなら八九年に「セクハラ」が流行語大賞を受賞することでこの概念が人口に膾炙するようになったというメディア・イベントがあったからであり、九七年には男女雇用機会均等法の改正が成立し、セクハラ防止と対応に対する事業主義務が明文化されることで、セクハラをめぐるパラダイム転換が起きたからです。

対象とした期間を何期かに時代区分したら、その時代を象徴するような名称をつけます。たとえば一九八六年の男女雇用機会均等法施行前と施行後の女性の働き方の変化を論じたいなら、「プレ均等法時代」「ポスト均等法時代」と名付けるように。

†着地点を見通す

上間さんの研究計画書に戻りましょう。計画といえども、予想される研究結果、すなわち着地点を見通しておくことは大事です。そのとおりにならなくてもよいのです。研究の結果、予想を超える結果が得られたり、予想が気持ちよく裏切られるほど、研究者にとってうれしい報酬はないからです。

上間さんの研究から予想される発見は、「婚外子」という「近代家族」から逸脱した家族を構成している当事者たちが、「家族の多様化」を謳いながら、意図せず「近代家族」に回収されかねない家族規範を再生産する可能性を、「仮説」として提示しています。「ポスト近代家族」とかけ声がありながら、私たちは本当に「近代家族」の言説の磁場から脱けだすことができるのか？　というのが著者の問題意識です。というのも、婚外子の親のなかには、確信犯事実婚のカップルで、婚姻のもとでの性・愛・生殖の三位一体という近代家族を支えるロマンティック・ラブ・イデオロギーを、事実上実践しているケースもあるからです。こういうカップルは法的届出という項目を抜いただけで、「私たちこそがほんものの愛に結ばれた家族」として理想化することで、近代家族規範を再強化することもあります。「共通点／相違点」の両方に目配りするのも、バランスがとれています。略しましたが、先行研究の文献リストには関連分野の主要著作を含めて三〇冊近い文献があげられており、上間さんが相当程度「近代家族論」を読み込んでいることがわかります。

本研究の「意義」は、最終的に運動に貢献すること。アウトサイダーの批判ではなく、運動の同伴者としてのアクション・リサーチ action research(3) の側面も持っています。「限界」は、この研究からわかることが、ほんとうに「近代家族」を超えることにつながるのかどうか？　もともと「近代家族批判」が著者の狙いですが、それにはゲイ／レズビアン・ファミリーや養子縁組、コレクティブ・リビングなど、それこそ多様なアプローチがあるに違いありません。「近代家族批判」という一人ではとうてい踏破できないような高い峰に挑むには、さまざまなルートから頂上をめざすこともできますから、著者のささやかな試みはそのひとつと考えることができます。上間さんの研究計画書をサンプルに挙げたのは、どんなささやかな研究でも、視線が遠くに届いていることを示したかったからです。諸般の事情からこの研究計画は未完に終わりましたが、彼女はこの時に抱いた志を今でも持続しているにちがいありません。

注

（1）高校と大学の教育の接続を考える課題。大学進学率が上昇するにつれ、大学の教育環境に不適応を示す学生が増えたせいで、近年問題とされるようになった。

（2）箕浦さんは東京大学教育学部で長くフィールドワークを中心とした研究指導を続け、そのもとからすぐれた研究者をたくさん育ててきた［箕浦1999］。

（3）課題解決のためのアクティビズムと結びついた研究。

5　研究計画書を書く（当事者研究版）

†リベンジ戦

研究計画書とは、海図のない海へ航海にのりだすための指針だと言いました。これがあいまいでいいかげんだと進路を誤ります。だから研究計画書の作成は大事な関門で、ここを通過しないと一歩も前へすすめません。上野ゼミではたいがいの研究計画書は却下されて、一度で合格するものはほとんどありませんでした。ですから受講生は、リベンジ戦を要求されます。

リベンジ（復讐）とはおだやかでない用語ですが、日本語になおせば「雪辱」。きびしいダメ出しをされても、めげずに立ち直る再チャレンジです。そして二度も三度もこれを繰り返すことによって、自分のリサーチ・クェスチョンが鮮明になっていきます。そして何をどう、調査すればよいのかが、わかってきます。この過程を踏んだ上野ゼミ受講生は、卒業したあとも、企業で企画書を書くときの訓練ができている、と言ってもらえるそうです。

大学のゼミのなかには、年に一回程度、院生や学生に研究報告をさせて、それを「指導」と呼んでいるところが多いようです。研究のアウトプットが出てから、問いの立て方がまちがっている、とか対象と方法の選択がずれているとか、方法論がなっていないとか、突然全否定のようなコメントを言われても、学生は茫然自失するだけ。そんならもっと早くに言ってくれよ、という気分になるのも無理はないでしょう。上野ゼミでは、年に一回の大きなハードルを越すのではなく、年に何回もの小さなハードルを越してもらいます。そのなかでも大切なふたつのハードルは、まず研究計画書の発表と、次に目次の発表です。研究計画書はこれから始まるインプットの設計図、目次はこれから書くはずのアウトプットの設計図です。ここできちんと軌道修正をしておかないと、後々までたたります。

†当事者研究ヴァージョン

本章でもうひとつ、研究計画書の当事者研究(1)ヴァージョンをつけくわえておきましょう

【図表5－1】。なぜなら、研究計画書の標準的なフォーマットより、こちらのほうが、ずっと腑に落ちやすいからです。

最近わたしは標準的な研究計画書に代わって、当事者研究向けのオリジナルヴァージョンを採用することが増えました。

前章で紹介した標準版とほとんど変わりませんが、表現がやさしくなっているだけでなく、違いは以下の三つが加わっていることです。そしてこの違いはけっして小さくありません。

（2）何故、この研究をするのか、この研究で何を獲得したいのか（研究の動機／獲得目標）

（3）研究者としてのわたしの立ち位置（ポジショナリティ）

（4）クレイム申し立ての宛て先は誰か（先行研究）

当事者研究とは、わたしの問題をわたしが解決するための、一種のアクション・リサーチ action research だと考えてかまいません。そこには「誰のための、何のための研究か？」という問いが切実に伴っています。ですから「その問いを立てるおまえは何者か？」というポジショナリティを無視することはできません。

研究計画書（当事者研究版）

氏名：

(1)　（主題）どのように、この研究を名づけるか

(2)　（研究の動機／獲得目標）何故、この研究をするのか、この研究で何を獲得したいのか

(3)　（ポジショナリティ）研究者としてわたしの立ち位置

(4)　（先行研究）クレイム申し立ての宛て先は誰か

(5)　（理論枠組み）採用するアプローチ

(6)　（研究対象）何を対象とするのか

(7)　（研究方法）どんな方法でデータを収集するのか

(8)　（意義）この研究にはどんな意義があるのか

(9)　（限界）この研究にはどんな限界があるのか

(10)　（研究費用）この研究にいくらかかるのか

(11)　（研究日程）この研究にどれだけの期間がかかるのか

図表5－1　研究計画書（当事者研究版）

これまで研究とは、誰がやっても同じ方法を採用しさえすれば同じ答えに到達する、客観的で中立的なもの、と考えられてきました。しかし、そもそも問いそのものが、現にあるものに対するこだわりやひっかかりから生まれるノイズ。あなたが何者で、どこに立っているかという立場と切り離せません。研究者のポジショナリティを明らかにするのはそのためです。

「なぜ」には、原因 cause と結果 effect のふたつの意味があります。このふたつの項目を区別したほうがよいかもしれません。なぜこの研究をしたいと思ったのか（動機）、そして何のためにこの研究をするのか、何を得ようと意図しているのか（目的や効果）。それらも、研究者のポジショナリティから生まれます。それに関わるのが、「クレイム申し立ての宛て先」という概念です。

社会学では、「社会問題の構築主義」というパラダイム転換が起きて以来、社会問題の捉え方が一八〇度変わりました。それまでは社会問題とは、社会に何かの不具合や機能不全が事実としてあるからこそ、それを原因として、社会問題が結果として起きるのだという因果則が前提されていました。構築主義パラダイムが成立して以来、「社会問題」とは人びとが社会問題だと定義する現象であり、それはある現象を社会問題だと言い立てる人びとの行為（claim making activity と言います）によって構築される、という見方が定着しました［中河1999］[2]。

たとえばセクシュアル・ハラスメントやドメスティック・バイオレンスという概念を見れば、それが理解できるでしょう。かつては「いたずら」とか「からかい」と呼ばれて問題とすら思われていなかったことがらを、「セクハラ」と定義して問題化した人びとがいたからこそ、「セクハラ」は社会問題となったのです。だからデータを見て「セクハラは増えたのか？」という問いを立てるのは無意味です。あきらかに増えたとわかるのは、「セクハラ申告件数」であって、セクハラの実態ではありません。というよりカテゴリー化される以前の「実態」とは、ついにわからないというほかありません。

†クレイム申し立ての宛て先

問題が問題になるのは、現状に満足できない誰かが、それを問題と言い立てるからにほかなりません。ですから問題には、必ず、「宛て先 addressee」があります。それは同じ現象を「問題」と見なしてこなかったこれまでの研究（先行研究）であったり、あるいは「問題」をつくりだした制度や社会、あるいは特定の人びとやその集団であったりします。

「クレイム申し立ての宛て先」という専門的な概念を、あまりにみごとに説明した上野ゼミの受講生がいました。東大退職後に勤務した立命館大学先端学術総合研究科の大学院にはさまざまな社会人が受講していました。そのなかに、過労死家族の会を立ち上げて活動してきた女性がいました。二十年以上にもわたる自分の活動をカタチにして学位論文を書きたいという願いから、進学してきました。

「クレイム申し立ての宛て先って」……よくわからない、と言った彼女に、クラスメートのひとりがこう言い放ったのです。

「つまり……あんたがバカヤローを言いたい相手のことだよ！」

その時、彼女はとっさにこう口にしました。

「いちばんバカヤローを言いたいのは、死んだあのひとよ」と。

過労死が労働災害として問題化されるようになってから、まだ二十数年しか経っていません[3]。過労死が過労死として認定されるためには、遺族が仕事との因果関係を証明しなければなりません。その申請も、すべてが認められるとは限りません。認定を考慮して、死んだ本人に「バカヤローを言いたい思い」を抑えてきたのです。とはいえ、死なれた家族にしてみれば、なんで死んだのよ、死ぬほど苦しかったらなんで言ってくれなかったのよ、死ぬほど働く必要なんてないじゃないのよと、うらみごとを言いたい気持ちはやまやまでしょう。彼女が夫を失ってから、二五年経っていました。久しく封印してきたことばが、ほとばしるような一瞬でした。学術用語に生きた血が通うのは、こういうときです。問いを立てるのは、「バカヤローを言いたい相手」がいるから。がまんできないから、納得できないから、ほっとけないから……です。そしてそれは、あなたがあなただから生まれた問いです。

と言ったとたん、そんな研究は主観的だ、という声が聞こえてきそうです。学問は「中立的・客観的」でなければならない、と。これをわたしは「中立・客観性の神話」と呼んでいます。「神話」というのは根拠のない信念集合を言います。問いとはつねに主観的なものです。それは「わたしの問い」であって、「あなたの問い」ではないからです。「わたしの問いはわたしにしか解くことができない、なぜならわたしはわたしの専門家だから」というのが「当事者研究」の出発点でした。

主観的な問いに、経験的な根拠を示して、有無を言わせぬ結論に導く……のが、経験研究というものです。そしてその「問い」の出発点はつねに「わたし」からなのです。

†オジサンの研究計画書

さあて当事者研究版の、研究計画書の実物とはどんなものか、ご紹介しましょう。わたしは立教セカンドステージ大学というところでも特任教授を務めていました。この立教セカンドステージ大学とは、学校教育法による教育機関ではありません。応募資格五〇歳以上、高齢者のための生涯教育の機関です。設立してから一〇年、毎年七〇名の定員を応募者がオーバーする人気。目玉は池袋副都心のロケーション。キャンパスの施設設備は使い放題ですし、若い学生さんと机を並べて受講することもできます。それになんと言っても男女共学！　キャンパスから池袋駅までのルートには、赤い灯青い灯の巷の誘惑もあって、アフタースクールのお楽しみもたっぷり。現に、受講生のインタビュー調査からわかったことのひとつに、男性受講生の「服飾費が増えた」という発見がありました。異性の目を意識して出かける場所ができた、ということでしょう。

あ、かんじんの教育内容をお伝えするのを忘れていました。このセカンドステージ大学の売りは、少人数のゼミ方式。大学教育の醍醐味は、教師と学生が膝を交えて語り合うゼミにあります。高校までの経験しかないひとにとっては、大学のゼミはあこがれの的のひとつ。一年間ゼミに所属して、ゼミ修了論文を提出して卒業する、というしくみです。このゼミ方式は、受け身のカルチャー講座に飽き足らず、上級編を求める受講生にはすこぶる評判がよく、一年制の本科を修了したあとも、専科や研究生で何年も居残るひとたちもいるぐらいです。各地の大学が社会人向けに実施している生涯教育のプログラムのなかでも、立教セカンドステージ大学は、成功例のひとつと言えるでしょう。立花隆さんによる「現代史の中の自分史」という講座もありました。(4) その立花さんの後任として上野が特任教授に採用されました。そこで始めたのが、「当事者研究」ゼミです。

そこに出てきたのが、大伴靖さん（六〇代男性、仮名）のこの研究計画書でした【図表5-2】。

大伴さんは定年退職者。それまで仕事中心の生活を送ってきて、家庭は妻に任せっきりの典型的な日本の亭主。それが定年になってがらりと生活が変わるにともなって、これから先、妻とふたりの関係を仕切り直ししなければ、と思いたったのがきっかけです。このままではやばい、という危機感があったのでしょう。

研究計画書の題名は、当初、「私（夫）が仕事を辞めてからの夫婦関係の再構築」でしたが、リベンジ戦を経て、「目指せ「家庭内再婚」(5)」に変わりました。これで研究が何を目

研究計画書（当事者研究）

氏名：大伴　靖
所属：RSSC　本科
研究テーマ：目指せ「家庭内再婚※」（「私（夫）が仕事を辞めてからの夫婦関係の再構築」改題）
※「家庭内再婚」：近藤裕著『家庭内再婚』より引用
研究内容（何故、この研究をするのか／研究の獲得目的）：
　結婚して36年、今までの夫婦関係（役割分担）は、稼いで来る者（夫）とそれをアシストする者（妻）という関係で役割分担が決まってきたが、私（夫）がリタイヤすることにより、この枠組みが無くなる。残りの夫婦の人生をより充実したものにする為に、夫婦夫々の役割分担を含め、改めて「夫婦」を点検し、新たな枠組みに合った夫婦関係を再構築（家庭内再婚）する。
先行研究（クレーム申し立ての宛て先）：妻
研究者としてわたしの立ち位置（ポジショナリティ）：妻のパートナー、協力者、共生者、**寄生者**である夫
理論枠組（採用するアプローチ）：
・夫と妻の関係が変わると、今まで見えなかった夫婦夫々の人格（求めているもの）が見えて来るのではないか？
・妻が今までの夫婦の役割分担の下で、抑えてきた事（本来求めてきたもの）があるのではないか？（仮説）
研究対象：夫婦（血縁のない男と女の共同体）
研究方法：夫婦関係（役割分担）のインタビュー調査を基に分析を行う。
インタビュー対象者：妻、長男、長女、弟、妹、友人（2名）合計7名
研究の意義と効果：
　自分と妻、夫々のこれからの人生が充実するとともに、子、孫、そして友人へ活き活きした生き方を示すことにより皆が元気になる。
研究日程：次のとおりインタビューを実施し、それを踏まえ研究結果を纏める。
インタビュー時期：6月（私の退職直前）、9月（退職3ヶ月後）、12月（退職6ヶ月後）

図表5－2　大伴靖さんの研究計画書

的にしているかが、明確になります。ご自身の立ち位置を、「パートナー」のみならず「寄生者」としているところは自覚があります。クレイム申し立ての宛て先が「妻」というのは、違和感があるかもしれませんが、この研究がほんとうに宛て先にするのは妻ひとり。クレイムにはネガティブなクレイムだけでなくポジティブなクレイムもありますから、「あらためてのプロポーズ」に「ハイかイエスで答えてね」と伝えたい相手は、誰よりも妻。ですから、これでよいのです。

研究方法は、直接相手に聞くしかないのでインタビュー調査。調査対象者に、息子や娘、友人カップルが含まれているのは、実はダミーです。ほんとにホンネを聞き出したい相手は妻だけ。ですが、妻ひとりをターゲットにするとあまりに露骨なので、周辺の対象者も入れて、「研究目的だから……」とカモフラージュしようというもの。夫婦や親子のあいだでは、改まって来し方行く末などしゃべりにくいものですから、「今こんな研究をやってるから、協力してくれないか」は、きっかけとしてうまく使えます。

期間をおいて繰り返しインタビューを実施するのも賢い方法だと思います。定年後のライフスタイルも夫婦関係も、時間を置いて変わるものだからです。大伴さんは実は友人カップル数組にすでにインタビューをしていました。結果、わかったことは夫婦の関係は百人百様。他人の夫婦関係を聞いてもあまり参考にならない、という事実でした。実際に妻にインタビューしてみると、「あなたは自分のつごうしか考えない自己中人間」という答えが妻の口から返ってきて、配慮があると思っていた彼の自己認識はもろくも砕かれました。聞いてみないとわからないものです。

†引きこもりの若者の研究計画書

もうひとつ、当事者研究ヴァージョンの研究計画書をご紹介しましょう【図表5-3】。

立命館大上野ゼミにもぐりで参加していたてるくんこと、不登校経験者の三〇代の若者。長い間、ひきこもりをしていましたが、ある自治体の放課後子ども教室の指導員の非常勤職を得ました。自分の経験を生かして、そこに来る子どもたちとのやりとりを通じて、子どものニーズとは何かを明らかにしたいという当事者性の強い研究です。彼の動機には、自分の子ども時代にこんな場所があったらなあ……という思いがあります。

「子どものための赤ちょうちん」という表現には、「学校でも家庭でもない子どもの居場所」(6)(貴戸理恵)という含意があります。おとなだって、職場からまっすぐ家に帰りたくないことはあるでしょう。この用語は、わたしがゼミで使ったことから彼にインプットさ

研究計画書

1．氏名：てるくん

2．所属：A 放課後子ども教室

3．どのように、この研究を名づけるか（主題）：
「子どもがふらっと寄れる「赤ちょうちん」のような場所は可能か？」

4．何故、この研究をするのか（研究の獲得目標）：
本研究の目的は、主に小学生を初めとした子どもが学校と家庭との間に「第三の居場所」を持ち得るか、という問いを明らかにするためである。幼少期より「不登校」や「家庭崩壊」といった出来事があり「学校にも家庭にもどちらにも居場所がなかった」わたしの経験から言えば、よく研究対象とされる「不登校」という肩書きを引き受けてしまってからではすでに手遅れなのではないか、多くの子どもたちのニーズはそれ以前の学校および日常生活の中にあるのではないかという問いからこの研究はスタートしている。研究をするにあたっては、現在のフィールドである「放課後子ども教室」での実践をもとに考察をしていく。とくに本研究では「逃げ道」としての放課後の役割を明確にすることを目標とし、ここでは、ひとつのメタファーとして「赤ちょうちん」というキーワードを使用する。

5．先行研究（すでに解かれたこと、解かれていないこと／クレーム申し立ての宛先は誰か）
不登校の当事者が「子どもの放課後」について研究したものについては、貴戸理恵の『横浜の学童保育のゆくえ』（小熊英二ゼミ・上野千鶴子ゼミ 2000 年）がある。そこでは放課後という空間においても「教育的」とされる大人の管理によって子どもたちの自由な遊びを規制する実態があり「遊び空間の学校化」の問題がフィールドワークによる発見として指摘されている。

6．研究者としてのわたしの立ち位置（ポジショナリティ）：
かつて「学校にも家庭にもどちらにも居場所がなかった」当事者であるわたしが小学生を中心とする放課後というフィールドを対象として研究するところに本研究の独自性がある。よって「わたし」のポジショナリティは、現場と研究の「二刀流」

図表 5－3　てるくんの研究計画書

を採用するものであり、本研究は現場での「経験知」と研究による「専門知」との往復を試みようとする実践である。

7．理論枠組（採用するアプローチ）：
ポジショナリティについては『当事者主権』（中西正司・上野千鶴子2003）、そして研究にあたっての理論枠組としては『脱アイデンティティ』（上野千鶴子 2005）を中心に採用する。本研究は、赤ちょうちんにおける多様な関係性の中で新たな一面が発見、構築されることによって、極度に同一化された自己を複数化することが、いざというときの「逃げ道」になり得るということを証明するためのアプローチである。

8．研究対象：
放課後子ども教室およびこの場所に通っている主に小学校1〜6年生、そして時たま「ふらっと」訪れる中学生、高校生、大学生。比較対象として「大人の逃げ道」であり、気軽に立ち寄れる安価な居酒屋などを対象とする。

9．研究方法：
ここでは、質的研究を採用し 2013 年から 2016 年までの「A放課後子ども教室」における参与観察やフィールドノートであるメモ書きの記録などから得られた一次情報をもとにデータを分割し、カードシステムによる内容分析から理論を構築することを目標とする。

10．意義と効果：
子どもの豊かで安全な放課後を実現することは、裏を返せばそれに携わる親の人生も豊かにするものである。つまり子どものワークライフバランスを考えることなくして、その保護者であり、ケア責任を負うとされる親のワークライフバランスが実現されることはあり得ない。本研究はケアの社会化によって「ケア責任を分散」することを推進するものである。

11．研究費用：文房具代や交通費など

12．研究日程：
今年度での完成を目指し、今後の現場での実践や研究への応用へ知見を生かす。

れたようです。学生時代、京都の下町でやんちゃな子どもたちを相手に学習塾の講師をしていた時、あまりに勉強しないので、「あんたたち、授業料払って来てんのやろ」と言ったときの子どもの答えがこれでした。

「センセ、ボクら、学校でも家でも息抜くところあらへんのや。せめてここで気い抜かせてえな」

それ以来、わたしは自分の役割を、子どものための赤ちょうちんのおかみ、と任じるようになりました。その「赤ちょうちん」という言葉が、てるくんの琴線に響いたのでしょう。

ゼミの受講生からは「赤ちょうちんはおかしい」「上野先生に引っ張られすぎ」「もっと適切な概念があるはず」と次々にツッコミが入り、彼は結局、オルデンバーグの「サードプレイス the third place」[Oldenburg 1997=2013] という概念を使うようになりました。(7)

この「サードプレイス」論が、「理論的枠組み」に当たります。「サードプレイス」も定義のあいまいな概念ですが、そのためにかえって使いやすいこともあり、また学問の世界で共有財産として流通しているので、使い勝手がよいのです。オトナの世界に「サードプレイス」が必要なら、子どもの世界にだって必要だろう、と言えますし、さらにこれにヴァーチュアル空間まで入れて概念を拡張するとしたら、いまどきの子どもがスマホやゲームとのあいだに取り結んでいるヴァーチュアルな関係をも「サードプレイス」として概念化して分析することができます。

てるくんの研究は現在進行形。その最中に、予算の切れ目がポストの切れ目で指導員の職を失ったり、そのせいで食えなくなったり、彼自身が翻弄されていますが、この研究からアウトプットが生まれるのをわたしはとても期待しています。というのは、子どものための「サードプレイス」が必要だ、なぜ必要か、どうすれば運営できるか、カネはどこから調達するか……のノウハウは蓄積してきましたが、かんじんの子どもという「お客さま」相手にどう接客したらよいのか、子どものニーズとは何なのか、子どもにどんなタイプがあるのか、日々目の前で起きるトラブルシューティングにはどんな対処法があるのか、といった現場に立ち入った支援のノウハウについてはあまり知られていないからです。てるくんの研究のアウトプットを期待しましょう。

注

（1）当事者研究については浦河べてるの家［2005］を参照。中西・上野［2003］は「当事者学」と名付けた。

（2）「モンスター・クレイマー」というネガティブな表現もあるが、claim maker という学術用語にはもともとネガティブな含意はない。claim making activity を行うひとを claim maker と呼ぶ。

（3）全国の弁護士が「過労死一一〇番」を開設したのは一九八八年。二〇〇七年には過労死自殺した小児科医に対して裁判で労災認定が確定。二〇一四年に過労死等防止対策推進法成立。「過労死」は日本に特有の現象だとして、〝karoshi〟のまま国際的に流通している。

（4）立教セカンドステージ大学の立花さんの「自分史」講座からは本［立花2013］も生まれている。

（5）近藤裕さんの『家庭内再婚』［1998］から来ている。

（6）今では不登校研究者として知られている社会学者の貴戸理恵が、慶応義塾大学小熊ゼミに提出した卒業論文のタイトル。「学童保育」を論じたこの論文で、当時全児童対策として横浜で進行していた放課後学童「はまっ子スクール」を批判したものである。同じ校舎の中にある放課後学童は子どもにとっては学校の延長にすぎず、そもそも構内に入れない不登校児は、行くこともできない。貴戸の不登校研究には以下の著作［貴戸2004］がある。

（7）第一空間（家族や地域などのコミュニティ）でも第二空間（学校や会社などのアソシエーション）でもない出入りの自由なゆるやかなつながりを作ることのできる第三の空間。居場所やたまり場、サロンなどのほかに、図書館や喫茶店などさまざまな空間が含まれる。

Ⅲ

理論も方法も使い方次第

6　方法論とは何か

†理論は道具

たぶん多くの初心者がつまずくのは、研究計画書にある「仮説」とか「理論的枠組み」とかいわれるところでしょう。別なことばで方法論とも呼ばれます。社会学の講義はあげてこの方法論のためにあると言っても過言ではないので、すこし説明を加えましょう。

方法論は英語で methodology とも呼ばれます。よくあるまちがいは、方法論というと、「アンケート調査をします」という答えが返ってくること。アンケートというのは調査の方法 survey method であって、研究の方法 research method ではありません。調査と研究とは違います。調査とは、次章に述べるようにデータ・コレクション（データ収集）の方法のひとつにすぎません。

ここで理論アレルギーを治療してもらいましょう。理論theoryとは現実を解釈するための道具だと考えてください。理論は、互いに論理整合的な関係にある概念の集合からできています。「概念concept」とは、「内に孕むことconceive」が語源です[1]。ある現象を言いあらわすために創られた用語です。概念とは現実を解釈するための装置conceptual apparatusです。新しい概念は、それ以前の概念では説明することのできない新しい現象を表現するために創られます。

理論が破綻のない精緻な概念装置からできあがったとき、それを理論体系といいます。そのよくできた例が、マルクス理論です。「商品」「価値」「市場」「資本」などの概念集合が互いを説明して、みごとな閉鎖系をなしているので、その理論から外に出ることはとうていかなわないような気さえします。よくできた理論は、例外さえ説明する装置を持っています。ですが、どんな理論にも死角というものがあって、その理論で説明できることと説明できないことがあります。

ちなみにマルクス理論は、女性が私的領域で行う家事を「労働」と概念化しませんでした。今日わたしたちが「家事労働」という概念を使っているのは、マルクスの死角にあってマルクスが見なかった対象を、「労働」概念を拡張して再定義しているからです。「家事労働」とは、（生命の）再生産活動のうち「第三者に移転可能な行為」と定義されます。したがって他人に代わってやってもらうことのできない食事や睡眠は労働にはなりませんが、家事や育児・介護は「労働」になります。ちなみにマルクスは、生殖に「他者の再生産」とみごとな定義を与えました。「他者の再生産」は労働です。家事に限らず、セックスはとっくにアウトソーシングできる労働になっていますし、生殖技術の進歩にともなって、妊娠や出産も「第三者に移転可能な行為」すなわち労働になることでしょう。

英語の労働 labor とはもともと、陣痛のこと。「産みの苦しみ」のなかから、（モノの）生産活動だけをとりあげ、（生命の）再生産活動を除外したのが、マルクスが「性に盲目 sex blind」だと、あとになってマルクス主義フェミニストから批判される理由でした［上野1990／2009］。マルクス主義フェミニストとは、マルクスに忠実なフェミニストのことではなく、マルクスに挑戦したフェミニストたちのことを言います。わたしもそのひとりでした。おっと、つい力が入って、脇道にそれました。

†「仮説」を立てる

もっとかんたんな例を挙げて「仮説」「理論的枠組み」「方法論」の関係について、説明しましょう。

もしあなたが、「孤独死が増えているのはなぜか?」という問いを立てたとしましょう。「孤独死が増えているのはなぜか?」という問いには、すでに「孤独死が増えている」という命題が前提されています。この命題は正しいでしょうか? そのためには、データがなければなりませんが、データを得るためには、「孤独死」とは何かが定義されていなければなりません。

「孤独死」には定まった定義はありませんが、「在宅で誰にも看取られずに死に、死亡後二四時間以上経過して発見されたケースで、事件性のないもの」。この「二四時間ルール」(東京都基準)は厳しすぎるという意見もあり、自治体や運用によっては死後四日から一週間以降までばらばらです。それ以前から「変死」や「行路死」という概念はありましたから、「孤独死」には「在宅死」が前提になっています。問いの背後には問題意識というものがあって、「クレイム申し立ての宛て先」があるとすれば、問いのなかには、孤独死はよくない、増えては困る、どうすれば減らせるか? という価値観がすでに前提されています。

孤独死の定義がばらばらなので、そもそも統計をとることがむずかしく、増えたのかどうかもはっきりわかりません。政府の人口動態統計には、「立会者のいない死亡」という概念があって、統計によれば確実に増えており、二〇一〇年代には年間二千件を超しています。そもそも統計カテゴリーのなかに、「立会者のいる死亡」と「立会者のいない死亡」とを区別すること自体が、「立会者のいない死亡」を問題として切り出す概念装置にもとづいています。「立会者のいない死亡」を「孤独死」と概念化すること自体が、「孤独」というネガティブな含意を伴って「あってはならないもの」というクレイム申し立て活動の一種、と見なすこともできます。そこから行政の「孤独死防止対策」も生まれてきます。

ではいったい誰がクレイム申し立てをしたのでしょう？ 「孤独死」という概念をつくったのは、少なくともあなたではないのですから、あなたは誰かの影響を受けたはずです。その誰かとは多くの場合、「メディア」でしょう。メディアは、クレイム申し立ての拡声器の役割を果たします。「立会者のいない死亡」統計は、一九九九年から始まっていますから、おそらくそれに先立つこと、一九九五年の阪神淡路大震災に際して、仮設住宅での災害孤独死が社会問題化したことと関係があるかもしれません。

「孤独死」という概念を採用し、「孤独死が増えているのはなぜか？」という問いを立てたとき、すでにあなたは「立会者のある死亡」のほうを「立会者のいない死亡」よりのぞましい死と価値判断しています。

「立会者のある死亡」とは、家族や医療・介護職の立ち会いがあること、すなわち同居家族がいる在宅死か、病院や施設で死ぬ場合でしょう。家で死ぬ場合は家族に看取られて、さもなければ病院や施設で専門職に看取られて亡くなるのが「のぞましい」という判断が前提されています。家では、看取りのために二四時間待機している無業の誰か（しばしば嫁ですが）がいることも前提されているようです。いまどき、家に誰かが二四時間いることなど考えられない時代に、看取りの場に家族が「立ち会う」なんて、よほど条件が揃わないと無理でしょう。それに家族が寝ているあいだや目を離している時に亡くなったら、「立会者のいない死」になるのでしょうか？

「孤独死」はいったい何が問題なのでしょう？　単身世帯がこれだけ増えたのだから、単身世帯での立会者のいない死は当然。増えて何が悪い？　という立場もあります。同居家族のいる場合でも、働き手はだれもが就労している現在、家族不在の時に「立会者のいない死亡」が起きることはいくらもあるでしょう。

「孤独死」が問題にされたのは、それで「迷惑がかかる」人々がいるからです。人はひとりで死ぬことはできますが、死んだ後の遺体の処理は自分ではできません。死体は生ものですから、死後の発見が遅れると腐乱して悪臭を放ったり、居室を汚したりします。近隣の人々が迷惑するだけでなく、家族の負担が重くなったり、借家人の場合には物件に損害が出て家主が迷惑します。となると「孤独死」の定義のうち、「立会者のいない死」が問題なのではなく、「死後一定時間以降に発見されないこと」のほうが問題だということになります。なら、発見が一定時間内になされたらそれでよい、死後通報のしくみさえつくればよいのでは？　それくらいの対策は技術的にかんたんです。在宅が確認されているのに、水道水使用のメーターが二四時間以上動かなければ自動通報システム（トイレを使わない人はいないでしょうから）が作動するとか、監視社会をいとわなければ家のなかにセンサーや監視カメラを設置しておいて、二四時間動きが検知されなければ通報が入るとかです。「迷惑」問題はこれで解決します。

ですが「立会者のいない死」を「不幸」だと感じる価値観のひとたちもいて、「孤独死」を「孤立生」と言い換えるひとたちもいます。となれば、「孤独死」（の発見の遅れ）を防止しようという問題の立て方は、「孤立生」をなくそうという別な問題に立て替わります。そしてもちろんこちらの問いのほうが、ずっとハードルは高いでしょう。何を「孤立生」と定義するかは、「孤独死」の定義よりもっとむずかしく、しかも本人が「孤立生」を自ら選択している場合には、第三者がそれを「問題だ」とは言いにくくなるからです。

†単身世帯が増えた

孤独死が増えるのは、単身世帯が増えたからです。単身世帯が増えたかどうかは、人口動態統計の世帯構成を見ればすぐにわかります。単身世帯は全年齢階層で増えています。若者の単身世帯を問題視するひとはいないのですから、ここでは「高齢単身世帯」が問題視されていることになります。年寄りをひとりで放っておくなんて、家族はどうしているんだ？　という譴責の声が、仮説の背後には聞こえます。

にもかかわらず、「立会者のいない在宅での死亡」統計によれば、死亡数がもっとも高いのは六〇歳から六五歳未満の年齢階層、しかも圧倒的に男性です。つまり六五歳以上の高齢者のほうが少ないのです。となると「孤独死」は「高齢者問題」ではなく、「中高年の男性問題」である、と言ってよいかもしれません。この年齢層の男性の離別率、非婚率は上昇しており、そのひとたちが高齢層に参入しつつあります。そうなるとこれは「シングル男性問題」と呼び換えてもいいかもしれません。「孤独死」に先立つ「孤立生」は、家族のいないシングル男性問題ともいえますが、他人と交わらない、助けを求めないのは彼らの選択でもあるので、当事者が「問題」と見なさないことに「解決」が必要かどうかはわかりません。そうなれば、「孤独死」はますます「死ぬ側」の問題ではなく、迷惑をかけられる周囲、すなわち「死なれる側」の問題だ、ということになるでしょう。

男性の離別・非婚に、失業や貧困などの社会経済的要因が大きく関わっていることはわかっていますが、同じく貧困に苦しむ離別・非婚女性の「孤独死」件数は少ないのですから、貧困だけが問題ではなく、ジェンダーが関わる「孤立」が問題のようです。困難を抱えたまま「助けを求めない」のは、「助けを求められない」男性問題だ、ということもできます。そうなればここでは、「男らしさ」に関わるジェンダー理論を採用することもできるでしょう。

最近、石垣島に死に場所を求めて中高年の男性単身者が移住してくる、という話を、地元の訪問看護師さんたちから聞きました。アパートを借り、年金生活をし、周囲と交わらず、地元に溶け込まないが、病気になれば医療保険を使い、要介護になれば介護保険を使うそうです。家族はいない、いても知らせるなときっぱり。それでも死後の後始末は自分ではできませんから、死亡届から火葬、お骨の後始末まで、ケアマネさんや訪問看護師さんが善意で負担していますが、その数が例外と言えないほど増えてきて、困っているとのこと。これなど自分で選んだ在宅死、しかも行政のサポートを受けて早期発見の手当をしたうえの周到な孤立死ですから、ご本人にとっては本望かもしれません。もし死後の後始末を業者が有償で引き受けるしくみがあれば、自治体には税収も発生します。いっそのこと、ここまでお世話になった自治体に、わずかな資産でも遺贈してもらえば、不謹慎ですが、天国に近い「南の島であの世へ旅立とう」という、新しい「看取りビジネス」が成立するかもしれません。

†家族の個人化仮説

ところで「孤独死はなぜ増えるか？」と、問いを立てたとき、問いを立てたひとは、すでに「なぜ？」に対する答えを暫定的に用意しているでしょう。これを仮説と言います。単身世帯が増えることそのものが問題というより、単身世帯になった家族のあいだに、互いに連絡がないとか、地域とのつながりがないとかの原因が考えられます。「家族がばらばらになったから」「地域が崩壊したから」……これはまだ検証されない思い込みにすぎませんから、これを「仮説」と呼びます。「家族がばらばらになる」ことを、社会学では「個人化」と概念化しています。これを「家族の個人化仮説」［目黒1987］と呼びます。

「個人化」という概念は「個人主義化」にとても似ていますが、それと区別するために生まれた概念です(2)［Beck 1986 = 1988/1998］。個人主義化とは歴史のある用語で、社会が近代化すると必ずそれに伴って起きる変化の一つと考えられてきました。個人主義の反対語は集団主義。個人主義のもっともかんたんな定義は、「国家や家族などの帰属集団よりも個人の利益を優先する態度」のことです。ですが、近代化はそれ自体で「よきこと」と価値判断されましたから、近代化に伴う個人主義には、「合理的意思決定のできる自律的な主体」の成立というポジティブな含意が与えられました。その「個人主義」と区別して、個人主義の負の側面、「自己利益のみを追求して集団的価値や関係を疎かにする傾向」に対して「個人化」という新たな概念が生まれました。保守系の人々は「個人主義」がキライですが、彼らは「個人化」がキライなのだと思います。概念とは現実を解釈する道具だと言いましたが、新しい概念が生まれるのは、それまでの概念では説明できない現象を説明可能にする、という認識利得があるからです。

この「家族の個人化」を理論仮説と呼びます。

ところで「個人主義化」も「個人化」もあなたが作った概念ではありません。すでに存在する理論から生まれた概念です。この理論は、社会学の分野で生まれ、洗練されてきた概念です。

となれば、誰がどんなふうにこの概念を使ってきたか、その概念の使用は適切か、同じ概念を自分が立てた問いに適用することはできるか、そのためには、概念を作り替える必要があるか……等々を検討しなければなりません。何度もいいますが、概念とは道具ですから、道具に合わせて現実を加工したら、現実のほうがゆがむかもしれません。現実が変化したら、道具をそれに合わせて作り替える必要も生じます。「個人化」という概念が登場したのも、「個人主義化」だけでは説明できない、間尺に合わない現実が登場したからです。

あなたが立てたものと同じ問いを、別のひとが別の方法で解こうとしてきた……その蓄積を検討するのが、「先行研究の批判的検討」と言われるものです。どんな道具もそれを使うことで得られるものと、得られないものとの功罪の両方があります。その両方を点検することで、まだ答えが出ていない問いに、まだ採用されたことのない道具や、まったく新しい道具で取り組む、という立場を表明するのが、この「方法論」とか「理論的枠組み」と言われる部分の課題です。

†理論仮説から作業仮説へ

「家族の個人化」仮説をどうやって証明すればよいでしょうか？　これを検証可能な経験的命題に落とし込んだものを「作業仮説」と言います。

「家族がばらばらになる」とは、具体的に何を指すでしょうか？　たとえば「家族全員がそろって晩ご飯を食べる回数が減ることを、家族の個人化の指標とする」と想定したとします。これなら測定が可能です。単身世帯なら「一緒に食事する」相手がいないでしょうから、この問いは成り立ちません。単身世帯が増加すること自体を「問題だ」と言い立てるひともいますが、単身世帯の増加それ自体を悪だというわけにはいきませんから、世帯分離した単身世帯が、他の家族や親族とどのくらいの頻度で、どういうコミュニケーションをしているか、を測定すればいいでしょう。たとえば、電話で、対面で、メールで、毎日、数日に一回、週に一回程度、月に一回、年に数回、ほとんど交渉がない……等。数日に一回程度のコミュニケーションがあるなら、少なくとも死後の発見の遅れは防げます。日本の統計でわかっているのは、世帯分離した親族間での接触が、欧米に比べて著しく少ないことです。日本の家族主義とは、意外にもろいものだとわかります。

「地域の崩壊」なら、どんな指標を使えばいいでしょう？　そこに登場したのは「社会関係資本social capital」という理論です。アメリカの社会学者、ロバート・パットナム［Putnam 2000＝2006］がアメリカの地方都市を対象に、人々が築き上げている人間関係のネットワークが、その地域の「資本」であるという説を立てました。利潤を生む財が「資本」ですから、ここでは「社会関係」そのものが利益をもたらすと見なされています。ニホンゴでかんたんにいうと、コネのあるひとがトクをする。あたりまえだと思うでしょうが、カネや地位のような目に見える財ではなく、人間関係という見えない財を概念化したのが功績です。しかも理論を精緻化して、「社会関係資本」に、同質の人々のあいだに成り立つ関係を指す「結束型bonding type」と異質な人々のあいだに成り立つ「架橋型bridging type」の二類型を区別し、両者を比較しました。それだけでなく、調査手法を標準化して、複数のコミュニティのあいだの比較ができるようになりました。

孤独死研究に社会関係資本を理論的枠組みとして採用すると、こうなります。

そこにある仮説は「コミュニティに信頼という社会関係資本が蓄積している地域では、孤独死は少ないだろう」というものです。それでは「信頼」をどう測定するか？　そのために、たとえば「見知らぬひとを見たときに、警戒心を抱くか？」「互いに挨拶する習慣があるか？」というような問いからなる質問票調査をすることができます。もしその結果、孤独死の人口あたり発生件数と、その地域の社会関係資本の蓄積の程度に統計的相関があれば、仮説は検証されたことになります。

ここでは research method が社会関係資本論、survey method が質問票調査となります。

†さまざまな調査手法

「孤独死はなぜ増えたのか？」という問いは、「どんなひとが孤独死するのか」「どんな社会的条件が孤独死をもたらすのか」「どんな地域に孤独死が多いのか」等にブレイクダウンすることができます。その問いの立て方で、採用する理論が変わりますし、研究の対象も方法も変わります。最初の「どんなひとが孤独死するのか」なら、事例研究をするのがいいでしょう。実際に孤独死したひとを調べて、死因から属性、家族関係、生活歴などのデータを集めて、どんなひとが孤独死するのか、を事例からあきらかにする方法です。

事例が一定数あつまれば、「どんな社会的条件が孤独死をもたらすのか」という問いに答えることができます。ここで登場するのは「比較」という手法です。社会で起きる現象には、要因をコントロールする実験室的な手法は使えません。その代わりに、実験の許されない社会や歴史的事象を分析するための強力な手法が、比較というものです。比較することによって初めて、あるサンプルが他のサンプルに比べて「特異」かどうかを記述することができます。

統計的比較に耐えるほどじゅうぶんな数のサンプルがあれば、たとえば、孤独死をする人々の性別・年齢・社会経済的属性・婚姻歴・生活歴・親族関係・経済階層などに、一定の傾向があることを証明できるでしょう。さらに地域ごとに孤独死発生率の高さを比較する疫学的な調査手法を採用することもできるかもしれません。そうすればある地域における孤独死の発生を予防する対策を考えることにもつながるでしょう。

ですが、最後に述べた対象と方法の組み合わせは、すべてデータ・コレクションに関わるsurvey methodであって、research methodではありません。同じmethodという用語を使うからまぎらわしいのですが、research methodとは、自分の立てたresearch questionに、どんな理論という名の分析道具を使うか、という問いに答えることです。

†孤独死で何が悪い？

　この章の最後に、問いの立て方と採用する理論枠組みで問いがひっくりかえることもある例を示しましょう。

「孤独死はなぜ増えるか？」という問いのなかには、「孤独死は問題だ」という前提があります。ほんとうにそうでしょうか。もし問題だとしたら、いったい誰が、なぜ、いつごろから、どうやって、問題にしたのでしょうか？　したがって、「孤独死はなぜ増えるか？」という問いを、「孤独死はなぜ問題になったのか？」「いつから、いかに問題になったのか？」「誰が問題にしたのか？」という問いに立て替えることができます。こういう問題の立て方を「社会問題の構築主義」理論と呼びます。構築主義的アプローチを採用すると、社会問題とは、それを「問題だ」とクレイム申し立てする人々の活動によって作られることは前章で述べました。

　誰がクレイム申し立てをするかといえば、最初は少数者でも、それが拡散して「社会問題化」するにあたって、もっとも影響力の大きいのはマスメディアでしょう。そもそも「孤独死」という用語そのものが比較的新しいのですから、マスメディアのデータベースから、「孤独死」の初出はいつ、いかなる文脈のもとでか、孤独死を用語に含む報道はいつごろからどのくらい増えたか……を調べることができます。ここで採用する research method は「社会問題の構築主義」という理論、採用する survey method はマスメディアの言説分析という手法です。その際、マスメディアとは何か、印刷メディアか映像媒体か、ネットメディアを採用するかしないか、何種類のメディアを対象にするか、データベースはあるか、データベースにアクセスは可能か、[3] いつからいつまでの期間を選択するか、検索して出てくる件数の合計はどれだけあるか、手におえる数かどうか、キャパを超えるようならどうやってどれだけ削減するか……という戦略を考えます。データはサンプルの集合ですから、戦略的サンプリングを実施するのです。ここから先はデータ・コレクションの方法に入りますので、次章にゆだねましょう。

ただし、この社会問題の構築主義という理論的立場を採用してわかることは、「孤独死の語られ方」であって、「孤独死」そのものではありません。言説というのは、すべて加工済みの情報。「孤独死」とは何か、増えているのかいないのか……はすべて、「……」と語られているとかっこの中にくくられます。「立会者のいない死亡」は、おそらく今よりもっと、敗戦後の混乱期などには多かったはずですし、こういう死亡統計が登場すること自体が、人口の出生と死亡とが、一桁台に至るまで行政によって厳密に把握されていることの証拠でしょう。概念がなければ現象は社会的に存在せず、存在しない現象を統計カテゴリーによって把握することはできません。

同じことは、セクハラにもDVにも言えます。セクハラやDVが増えているか減っているか、データからは言うことができません。わかるのは申告件数が増えている、ということだけです。「孤独死」もまた、「孤独死」という概念が生み出した現象であり、この概念の定義が変われば、統計数値はかんたんに変わります。構築主義理論を採用する効果は、問いを立てたときにすでに前提として存在するある現象の「問題化」を、脱問題化する契機にもなる、ということです。つまり「常識の関節外し」ワザというか、価値の脱構築が可能になり、これこそが社会学の醍醐味と言っていいかもしれません。

†引きこもったままでも暮らせるには?

終わりにおもしろいエピソードをひとつご紹介して、この章を閉じましょう。東京大学には高齢者社会総合研究機構があります。そこに属する大学院生が共同研究を行い、その研究成果を発表する場に立ち会いました。お題は「引きこもり高齢者を外に引っぱり出すには？」。コミュニティ・カフェやサークルなど、さまざまな地域活動の場があるにもかかわらず、その場に出てこない孤立した高齢者対策をどうすればよいか？　という研究主題に、院生の研究チームが答えるというものでした。そのなかの一つのチームの結論が傑作でした。「出てきたくない高齢者を無理に引っ張り出す必要はないのでは？」というもの。与えられたお題そのものをちゃぶ台返ししたことになります。

出てきたくない高齢者の生活を支えるインフラは、医療保険や介護保険（彼らも病気になれば医者にかかりますし、介護保険だって使います）、そして都市インフラというべきコンビニです。現にコンビニエンスストアには、単身高齢者の需要が大きいというデータが出ています。そうざいを個食化したり、弁当のラインナップを若者仕様から高齢者仕様に変えるなどの企業努力を、業界も始めました。他人と口をきかなくても買い物ができ、そのつど金銭で関係を決済する貸し借りなしの匿名性の関係が、彼らの生活を支えています。孤立が悪いのではない、高齢者が孤立しても安心・安全に暮らせるしくみさえあればいい……発想の転換というべきでしょう。この結論には、ほんとなら自分だって引きこもっていたかった、という彼ら若者たちの本音が、のぞいているのかもしれません。

注

（1）宗教画にあるconceptionとは、聖母マリアのキリスト受胎を指す。

（2）英語では個人主義化individualizationと個人化individuationとを区別する場合もある。ただし後期近代における「個人化する社会」を論じたウルリッヒ・ベックによれば、個人化は個人主義化と同じindividualization（ドイツ語ではIndividualisierung）という用語で示されており、これを「個人化」と訳したのは翻訳者である［Beck 1986＝1988／1998］。

（3）データに対する接近可能性accessibilityは、研究の対象と方法を設定するための重要な判断基準criteriaである。新聞媒体で読売新聞がサンプルによく使われるのは、記事検索の電子データベースが比較的早い時期に整備され、無償で利用者に提供されたという影響が大きい。

7　対象と方法の選択

†エスノグラフィ

さて、研究計画書を書いたら、ここからどこへ進むのか、の海図ができます。上陸先もぼんやり見えているほうがよいでしょう。そこが孤島なのか大陸の突端なのか、緑野なのか荒れ地なのかも。

研究計画書では、問いの設定の次に、対象と方法の組み合わせを決めることになります。対象の数は一から有限個まで。「研究対象は一サンプルだけでもいいのですか？」という質問をよく受けますが、もちろん、それでいいのです。それを事例研究 case study、モノグラフ monograph とも呼びます。

個人ではなく、集団の事例研究はエスノグラフィ ethnography といいます。民族誌とも訳すエスノグラフィは、もとは異民族の生活誌を参与観察によって記述する民族学の一部門でした。それから転じて、自分の知っているある特異な社会集団について、参与観察participant observationを行って記述したものを、たとえば「暴走族のエスノグラフィ」［佐藤1984］とか「バイク便ライダーのエスノグラフィ」［阿部2006］と呼ぶようになりました。ここでは対象は「暴走族集団」「バイク便ライダー集団」(1)で、方法は参与観察です。

参与観察とはその場に入り込んで同じような経験をしながら、観察の結果得られたデータをもとに記述する方法を言います。観察とは、これも実験のような自然科学的手法を採用できない社会科学にとって、たいへん重要な実証的方法ですが、観察者が観察対象に介在することによって、観察対象が変容を受けることを防ぐことはできません。社会科学には「自己言及性 self-referentiality」(2)という宿命があって、それは説明項が被説明項に含まれてしまうという「クラスの混同」が起きてしまうことです。もっとかんたんに言うと、観察者である自分自身が観察対象の一部を構成することです。純粋な観察のためには、おそらくマジックミラーの裏側にいて被観察対象のふるまいを観察するような手法を採用するほかありませんが、そんなことはほぼ不可能です。テクノロジーが進化すれば、監視カメラなどで個人や集団の行動を二四時間、非関与に観察することもできるかもしれません。

非関与観察のことをnon-disturbance observationと呼びますが、裏返せば、観察者の存在はつねにdisturbingなのです(3)。

参与観察の白眉はシカゴ学派のハワード・ベッカーによるジャズメンの研究でしょう。もともとドラッグ・ユーザーだったり犯罪集団すれすれの周辺的な存在であるジャズメンの集団に、ベッカーは入り込んで、正常と異端の境界をコントロールする彼らについて有名な「ラベリング理論」[Becker 1963＝1978]を練り上げました。彼自身も、プロ並みの腕前を持つミュージシャンでした。

いくら参与観察といっても、ギャングや犯罪者の集団に参入することはリスクが伴います。『暴走族のエスノグラフィー』[佐藤1984]の著者、佐藤郁哉さんは、自身が暴走族ではありません。調査を実施したときにはすでに二〇代後半の研究者だった佐藤さんは、一〇代の暴走族の若者たちにとっては、一緒になってうんこ座りをしてくれるちょっと物わかりのいい、ヘンなオジサン、ぐらいなものでしょう。ですが、その「ヘンなオジサン」が現場にいることで、そのオジサンの目に映る自分のイメージをコントロールしようと、彼ら暴やんが、粋がったりヒロイックにふるまったりすることを妨げることはできません。佐藤さんの研究の優れたところは、取材者や観察者などメディアを含む「外部の目」との相互交渉の過程で、どうやって彼らがセルフイメージをつくりあげていくかの機制までを、分析の対象にしたことです。その過程で彼らは、ただの交通違反の飛ばし屋から、学歴社会へ異議申し立てをするヒーローへと「変身」します。

民族誌そのものが、観察者のバイアスによって大きく影響されることに民族学は自覚的であらざるをえませんでした。誰が書いても同じ、透明な民族誌などというものは存在しません。民族学者はこれを「自分の身体をツール（観測器）として他者を測る」と表現します。となれば、誰が何を調査するかで、民族誌の内容は変わってきます。たとえばエスノグラフィの神様と呼ばれ、彼が歩いた後にはぺんぺん草も生えない、と言われていた人類学者、ブロニスラフ・マリノフスキー［Malinowski 1922＝1967］の後でさえ、マリノフスキーが調査した南太平洋の諸島を、後になって続々登場した女性の人類学者たちが訪れたとき、彼が見逃したさまざまな現象が山のように採集されるに至りました。ここではジェンダーの差が、「観測器」としての人類学者の性能を左右していたことになります。

†対話的エスノグラフィ

参与観察を別名、フィールドワーク field work とも呼びます。もともとは文字通り

「野外観察」のことでしたが、やがて対象を直接観察の対象とすることをフィールドワークと呼ぶようになりました。その観察の記録をフィールドノートと言います。フィールドノートに記載されているのは、観察者が情報と受け止めたものの集合です。前にも言いましたが、情報はノイズから発生します。ノイズ（ひっかかり）のないものは情報に転化することはありません。観察者にとって自明なもの、あるいはその対極にあって観察者にとって認知的不協和を起こすものは、いずれも情報になることはありませんから、フィールドノートに記載された観察記録とは、自分自身の「観測器」としての性能の記録でもあります。

それならいっそのこと、対象を記述するのではなく、自分と対象との交渉過程そのものを観察や記述の対象にするということもできるでしょう。それが対話的エスノグラフィや対話的構築主義といわれるものです。人類学には観察者自身を言及対象にとりこんだ反省的人類学 reflexive anthropology や、もともとは西欧白人社会が「未開社会」を作り出したことから、人種主義者や差別者である「白人って何?」を問う白人研究 whiteness studies までであります。ですがあまりに内省的な研究は、対象を離れて「ボクって何?」という私探しになってしまいます。それにはそれで当事者研究という方法がありますから、後で説明しましょう。

†事例研究

対象が集団でなく一個人だった場合にはどうなるでしょう？　たったひとりを対象にして研究は成り立つでしょうか？　もちろん、成り立ちます。それも事例研究の一種です。サンプルが一事例の事例研究は研究になるのか、サンプルの代表性はどうなるのか……としばしば学生から質問を受けました。

そもそもサンプルの代表性とは何でしょうか？　「代表的な日本人」とか「代表的な東京人」などを思いうかべることはできるでしょうか？　統計調査なら「平均」というものが登場します。それなら「平均的な日本人」や「平均的な東京人」というものは存在するでしょうか？　平均の数値をいくら合成しても実像には到達しません。「平均型」は「典型」以上に虚構的な存在です。

たった一例の事例研究の代表に、精神医学の病跡誌 pathograph があります。自殺した芥川龍之介の病跡学的研究とか、夏目漱石の病跡誌などです。病跡誌の対象はただ一事例、しかもきわめて特殊な事例です。自殺したり国民作家になったりするのは日本人のなかでもレアケースですから、こういう事例を「極限型」とか「逸脱型」とか呼ぶこともできます。だいたい精神病者そのものが逸脱的な存在です。そんな平均からはずれた逸脱型を研究して何がわかるのか？　と思うかもしれませんが、漱石のような逸脱型の事例研究から、近代化に直面した日本人の苦悩といった「典型」が引き出されるかもしれません。

†オートエスノグラフィと当事者研究

それならその対象が自分自身なら、どうでしょう？　自分が自分を研究対象にする、というのは究極の自己矛盾、客観的であるべき研究が成り立たないというのがこれまでの考えでした。ですが、エスノグラフィのなかには、ちゃんと自分誌 auto-ethnography という分野があります。実は人類学ほど学問の自己言及性に徹底的にこだわってきた学問はありません。異文化を研究している「ボクって何？」を問うた反省的人類学もありましたし、異文化へ向けた視線を自文化へ向けたエスノメソドロジーもあり、七〇年代にはドラッグやメスカリンを使用した自我の拡張体験を記述するサイケデリック人類学というものさえありました。自分自身の身体や心理もまた異文化であるという捉え方からです。

日本で生まれたのが当事者研究です。自分が自分の専門家である、自分以上の専門家はいない、と思えば、生まれてからこの方、「じぶん」というフィールドにおいて参与観察をしてきたようなものです。そこには観察データが膨大に蓄積されています。記録（日記、手紙、メモ、作品等）も残されています。使わない手はありません。ただし、問いを立て、仮説を設定し、それにそって系統的にデータを集め、エビデンスをもとに、検証するという手続きは、対象が自分の中にあろうが外にあろうが、変わりません。

†データ・コレクション

対象が複数になるとどうなるでしょうか？

複数になると比較という手法が使えます。比較とは複数の事例の共通点と差異とを明らかにすることで、それぞれの事例の固有性をあきらかにする方法のことです。実験室的な手法を使えない社会科学にとっては、この比較が重要な方法となります。

比較のためには質的比較と量的比較が可能です。それぞれのために、質的データと量的データを集めなければなりません。データを集めることをデータ・コレクションdata collection と呼びます。

ところでデータには一次情報と二次情報があることを第1章でお話ししました。一次情報とはあなたが対象から自分自身を「観測器」として直接採集してきた情報、二次情報とは、すでに他の誰かによって加工済みの情報です。ありものの情報の再編集から新たな情報を生み出すこともあるのを否定しませんが、経験科学である社会学的研究のためには、質的であれ、量的であれ、オリジナルな一次情報をもとに情報の加工と生産をすることを、わたしは一貫して学生に要求してきました。

一次情報には質的情報と量的情報があります。質的情報は観察や面接から得られた主として言語化された情報。量的情報は統計やアンケート調査などから得られた数量化された情報です。量的情報といえども、もとはといえば数量化するためのカテゴリーは言語情報ですから、質的情報と量的情報とは、ほんらい相反するものではありません。

ただし質問紙調査のように回答の選択肢をあらかじめ与える場合には、その選択肢そのものが「仮説」という名の予断と偏見から導かれていますから、量的調査では仮説を超える発見に至る蓋然性 probability が低くなります。

量的データの解析については、さまざまな統計ソフトなど便利なツールも増えましたし、分析手法も洗練されてきましたが、そのためには最低でも三桁を超えるデータ量が必要など、膨大な情報処理をしなければなりません。その情報処理のコストに比べて、分析結果の発見が相対的に少なく、したがって研究のコスパ（コストパフォーマンス）が悪い、というのがわたしの考えです。というのも、多くの量的調査が、テマヒマをかけて「やっぱり予想したとおりだった」という結論を導くことがありがちだからです。

仮説や予想を超えるデータを発見するために、質問紙調査にはかならず「その他」という項目を付け加えます。「その他」にある「自由回答」欄は、発見のためには宝の山なのですが、統計処理の過程では無視されてしまいがちです。また問いに答えなかったり、想定された回答の選択肢を選ばない回答者のために、NA（No Answer）とDK（Don't Know）というカテゴリーを作っておくことも必要です。NAが多ければ問いが不適切だったことになりますし、DKが多ければ回答の選択肢が不適切だったことになります。

最初から自由回答法で記入してもらうという質問紙調査もあります。が、実際にやってみると、データ処理はたいへんです。選択肢をあらかじめ用意した質問紙をプレコーディング precoding といいますが、プレコーディングなしの自由回答法では回収後にコード化するアフターコーディング after-coding をしなければならず、後者はおそろしくテマヒマがかかるからです。

わたし自身は量的調査にくらべて、質的調査のほうがどちらかといえば好きでしたし、得意でした。なぜかというと、第一に、相対的に少ない情報で多くの発見に至ることができる、端的に研究のコスパがよい、からです。第二に質的データの徹底的な帰納分析の結果から、仮説を裏切る発見に至る蓋然性が、量的調査よりもはるかに高いからです。量的データの場合、統計平均に含まれないデータは「はずれ値」と呼ばれます。そしてしばしば「はずれ値」は、無視してよいほど少数 negligible few として統計的に処理されます。

ですが、質的データでは、「はずれ値」や「逸脱型」は、他の大多数の「類型」を説明するきわめて重要な「対照サンプル」になりえます。質的調査の場合には、その効果を予測して、変数をコントロールしたサンプルのほかに、対照サンプルとしてそれには属さない事例をわざわざ加えて調査設計することさえあります。そしてその際、対照サンプルは一事例でも二事例でも、大きな説明力を持つ場合があります。

たとえばある宗教教団の活動について調査する場合、その集団に属する活動的なメンバーを調査対象に選ぶだけでなく、そこからの脱退者をひとりかふたり加えると、主要なメンバーからは決して得られない、死角にあたる情報が得られることが多いものです。そして対照サンプルから得られた情報が、その集団に帰属しつづけるメンバーの特殊性を照らし出すという効果も。その「はずれ値」をわざわざあぶり出すために量的調査を利用することもできます。たとえ少数であれ、「はずれ値」にあたる事例が特定されれば、あとはその事例を深掘りして、インタビュー調査すればよいのです。

†データ分析

ところでデータ収集の次には、データ分析をしなければなりません。データ・コレクションの問題は、量的データも質的データも収集した時点で達成感を味わい、そこで満足してしまうことにあります。量的データは三桁の数の質問票の回答を回収するのはたいへんですし、それを統計ソフトに入力するだけで一仕事です。質的調査もフィールドワークはテマヒマかかるものですし、インタビュー・データなら、大量の音声データを前に、何かをなしとげた気分になり、そこから先に進めなくなります。音声データはそのままでは使えませんので、文字おこしすることになりますが、かなり熟練したひとでも、実際のヒヤリングにかかった時間の二倍から三倍はかかります。単調で根気の要る作業をなしとげただけで、何事かをやった気分になりがちです。

量的調査なら質問票の各問にそった集計結果、質的調査なら集めたサンプル数の事例報告、それを並べただけのレポートがままあります。それはたんなる調査レポートであって、研究論文とは言いません。データ・コレクションはあくまでデータ・コレクション。集めたデータが何であるかを提示するだけでは十分でなく、そのデータからいったい何が言えるか？　それを分析する作業が待っています。自分の立てた研究計画にしたがって、適切なデータを適切な文脈に埋め込み、解釈する……そして理解可能なモデルとして提示するのが、研究の目的です。

ですから、データ・コレクションの後が肝腎です。データ分析という重要な作業が待っているからです。

研究の時間とエネルギーの配分から言えば、研究計画書からデータ・コレクションまでがほぼ半分、残りの半分は分析と論文執筆に当てる、つまり情報のインプットに二分の一、アウトプットに二分の一くらいのつもりでいたほうがよいでしょう。人類学者のフィールドワークも、現地で情報収集に一年かけたら、それをまとめて論文にするまでにやはり一年以上はかかるものです。

量的データについては、相関係数や有意差検定、クラスター分析など、統計ソフトが発達してきました。仮説にそって変数を組み合わせ、そこからデータに語らせる……ことが、誰にでも可能になってきました。それだって解きたい問いがはっきりしていなければ、データの山に埋もれてしまいがちです。

他方、質的データの分析はどうすればよいでしょうか。

質的データは通常、フィールドノートやインタビュー・データなど言語情報の蓄積として目の前に積み上げられます。インタビューは通常ひとりあたり一時間から一時間半、それを文字情報に書き起こすと三万字から四万字程度になります。A4用紙で二〇頁から三〇頁、それが複数のケースで積み上がるとその分量に圧倒され、いったいどうやって分析すればよいか、茫然自失しがちです。

結果として、当初仮説を立てていたシナリオにそって、テキストからおいしいところだけをつまみ食いして引用し、臨場感あふれる文章にしてお茶を濁す……ことになりがち。これでは仮説を裏切る発見もなければ、埋もれた情報も発掘されず、宝の持ち腐れです。質的調査の信頼性がいちじるしく低いのは、データの使用が恣意的である（つごうのよい情報を使い、つごうの悪い情報は無視する）という疑いを払拭できないからです。

質的データを徹底的に帰納分析し、データそのものに語らせる……エビデンスにもとづいた経験科学として質的データを有効利用することができれば、たとえどんなに事例数が少なかろうが、それをもとに、確実にこれだけのことは言えると主張できるはずなのです。

†京都学派の情報生産術

わたしが採用しているのは川喜田二郎さん(4)が発案したKJ法［川喜田1967, 1970］を、うえの流に改訂した「うえの式質的分析法」(5)［上野2017］です。

わたしは京都大学出身者で京都学派と言われる(6)梅棹忠夫さん(7)の『知的生産の技術』［梅棹1969］に多くを学びました。実際に鍛えられたのは、大学ではなく、食えない院生時代にアルバイトで働いたシンクタンクでの経験です。CDI（Communication Design Institute）という名のミニ・シンクタンクは、小粒ながら関西で異彩を放っていました。そのシンクタンクの株仲間は梅棹さんや川添登さん(8)、小松左京さん(9)など。わたしはお題を与えられ、調査研究し、その報告を株仲間である先生方の前でプレゼン（提示、プレゼンテーションの略語）するという、今から考えればとてもぜいたくな訓練の場を与えられました。

そのシンクタンクで使い倒したのがKJ法です。同じ頃、関東で同じような質的調査法で売っている、会員制のマーケティング情報誌がありました。パルコ出版局刊の『月刊アクロス』(10)という雑誌です。当時電子計算機による大量の情報処理が可能になって、量的マーケティングが花盛りの時代に、外部の執筆者に一切署名原稿を依頼しないという方針の、小粒で小規模の調査からなるこのマーケティング情報誌は、流行ウォッチングやトレンド予測で群を抜いていました。しかも毎号編集部が企画する調査レポートにはむらがなく、一定の水準を保つには、よほどのノウハウがあるものと想像できました。あとになってそのノウハウが今和次郎の考現学や川添登の生活学、果ては赤瀬川原平の路上観察学に至るまでの民間学の伝統を受け継いでおり、KJ法に近い質的分析法を採用していることを知りました。その創始者がパルコ会長（当時）の増田通二さんであり、その増田学校のもとで『アクロス』編集長だったひとのひとりが、三浦展さんだったことを後になって知りました。

三浦さんとは、二〇〇〇年代になってから対談しましたが［上野・三浦2007／2010］、そのとき、彼が話したことは、当時パルコのテナント以外には、企業の宣伝部を中心に全国に三〇〇部くらいしか出回っていなかった会員制マーケティング情報誌の個人購読者のひとりに、関西の女性（つまりわたしのことです）がいることを不思議に思っていたそうです。そしてその質的マーケティングの手法を採用した理由が、当時マーケティングの世界を席巻しつつあったアメリカ流の大量データの分析では勝負できないから、小規模の質的マーケティングで勝負しよう、効率はいいいし、絶対勝てるはずだと思ったからということでした。

ＫＪ法は経験的な根拠にもとづいて、たしかなアウトプットを出すことのできるたいへん実践的な質的データ分析の手法です。しかも誰がやっても一定の水準の情報処理が可能です。次章でＫＪ法の発展型である「うえの式質的分析法」について、もうすこし詳しくお話ししましょう。

注

（１）阿部の著書［2006］のタイトルには「エスノグラフィ」はないが、研究方法は自らバイク便ライダーとなって得た参与観察によるエスノグラフィである。

（２）「再帰性 reflexivity」［Giddens 1990＝1993］と呼ばれることもある。

（３）自然科学の観察でさえ、相対性理論以降には、観察者が現象の完全な外部に立つことは不可能であり、観察は被観察対象に介入しそれを変化させると言われるようになった。純粋に「客観的・中立的」な観察はしたがって成り立たない。

（４）川喜田二郎はネパールをフィールドとする人類学者。フィールドで出会う脈絡のない情報をフィールドノートのなかから系統的に取り出して、文脈化する手法を編み出した。後にＫＪ法普及協会設立、信州の移動大学等で実践的な普及に努めた。

（5）上野千鶴子監修／一宮茂子・茶園敏美編2017『語りの分析――〈すぐに使える〉うえの式質的分析法の実践』（『生存学研究センター報告』二七号）立命館大学生存研究センター。立命館大学生存研究センターＨＰ上で無償公開中。http://www.ritsumei-arsvi.org/publications/index/type/center_reports/number/27

（6）戦前の哲学者、西田幾太郎を中心とする「京都学派」とは違い、戦後、梅棹忠夫などの人類学者を中心とするユニークな研究集団を指す。社会学の加藤秀俊、生活学の川添登、現代風俗学の多田道太郎らがいる。

（7）日本における文化人類学の第一人者。文化人類学に限らず様々な方面で活躍し、独自の文明論を展開し、多方面に多くの影響を与えた。

（8）生活学の創始者。梅棹忠夫や小松左京らとともに一九七〇年からの日本万国博覧会に尽力した。

（9）日本のＳＦ界を代表する小説家。『日本沈没』『首都消滅』などの数多くの作品を残す。

（10）『月刊アクロス』パルコ出版局刊。一九八二年から一九九四年まで通巻九七号続いたクリエイティブビジネス情報誌。

Ⅳ 情報を収集し分析する

8　質的情報とは何か？

†語、言説、物語

質的情報とは観察ノートや面接データ、文書や記録など、総じて言語情報から成っています。他に色や形、人間ならしぐさや姿勢などの非言語情報もありますが、それらを分析しようとしたら、暖色や寒色、拒否や受容などの言語情報に置き換えるほかありませんから、基本は言語情報をどのように分析するか、という問いに答えればよいことになります。情報は必ずコミュニケーションの文脈のもとに置かれますから、言語でなくても何であれ情報として受信されたものは、すべてメッセージとなります。

言語情報には（1）語 word、（2）言説 discourse、（3）物語 narrative の三つの次元があります。言説は語の集合、物語は言説の集合で、分類の階級 class が違います。順に説明しましょう。

（1）語は単語、キーワード分析がこれに当たります。最近はコンピューターのおかげで、ビッグデータの取り扱いが容易になり、特定のキーワードを巨大なデータソースから掘り出すデータ・マイニング data mining[(1)] ができるようになりました。たとえば、新聞のデータベースやツイッターの検索欄に「共謀罪」と入力すれば、いつの時点で「共謀罪」をめぐる報道がピークに達したとか、ツイッターでの言及頻度が高まったかとかがはっきりわかります。ですが、その報道やツイートが「共謀罪」に肯定的か、否定的かまではわかりません。そこに関連語、たとえば「賛成」とか「反対」とかを付け加えれば、たんなるキーワードではなく、評価を含むメッセージを入手することができますが、ベタな「賛成」「反対」だけでなく、「共謀罪が必要である」とか「懸念がある」とかいった表現も加えて肯定的か否定的かを判断しようとすれば、言い換え語をたくさん用意しなければなりません。そのうえ、すべてを網羅することは不可能です。ビッグデータ万能みたいなデータ・マイニングがおもしろくないのは、しょせんキーワード分析や関連語分析しかできず、言説分析ができないからです。

（2）言説は、ミシェル・フーコーの言説分析 discourse analysis[(2)]［Foucault 1976＝1986］

でいちやく脚光を浴びましたが、言説って何？　と聞かれると意外に答えにくいものです。言説のミニマムの定義は、「語以上の意味の単位」。文章に「水（をくれ）！」という一語文があるように、文脈によっては「共謀罪（許さん）！」という否定的なメッセージを受け取ることもできます。通常、言説は二語以上の語が結合して、意味のある文章をつくります。その一文、一文が言説の単位となります。

言説が複数集合すると、（3）物語 narrative になります。物語とは複数の言説を接続詞でつないだものです。もっとも簡単な言説は「そして」と時系列で文章をつないだもの。これを因果関係と呼びます。因果律とは、Aという出来事が起きた後に、高い蓋然性でBという出来事が起きる、という以上のことを意味しません。Aの次にBが起き、その後にCが続いた……というときに、これを物語、と呼びます。物語には必ず構造があり、したがってA→B→Cという系列の物語と、A→B→DやB→A→Cという系列の物語とは、「構造が違う」ので、同じ物語とはいえません。歴史や自分史は、Aの出来事の後にBの出来事が起き、それからCが起きた……と続くので、あたかもAがBの「原因」であり、BがAの「結果」であるかのように見える、だけです。その継起の順番は、たんなる偶然かもしれないというのに。ですが、人は説明を求める生きものです。最後にCにたどり着いた時、それが「必然」であるかのように説明されれば、その結果に納得します。物語とは、その解釈のための装置です。

ついでにフーコーの「系譜学 genealogy」についても言及しておきましょう。フーコーは歴史に「系譜学」という新しい概念を持ち込みました。それまでの歴史学が定向進化説や発展史観など目的論的な因果律のもとに成り立っていることに対して、系譜学は変化の前後を記述しますが、その変化が必然であることの証明はしないし、できないという立場をとります。そしてその転換期にあたって「ありえたかもしれない他の可能性」を選択肢として提示します。この系譜学の方法を、「歴史のあみだくじを逆にたどる」と卓抜な表現で説明したのは加藤典洋さんです。系譜学は、歴史学を目的論的史観から解放し、歴史の構想力を拡大する役割を果たしました。

結論を先取りすれば、言語情報とは言説の集合、それを文脈化して物語を紡ぐのが、「論文を書く」ということだと言ってもかまいません。なぜなら論文とは、言語作品だからです。

†質的情報の分析法

さて、あなたの目の前に、フィールドノート、メモ、面接記録などの言語情報の山があるとしましょう。何から手をつけていいか、わかりません。意味を解釈できない情報はノイズといいます。ノイズの山のなかから、意味のある情報をとりだし、それに一定の秩序のある文脈を与えることが説明です。

そのためのメソッドを考えついた研究者が人類学者の川喜田二郎さんです。彼が考案した方法は、頭文字をとってKJ法(3)と呼ばれるようになりました。わたしがこれからお伝えするのはKJ法の発展型、「うえの式質的分析法」と呼ばれるものです。

人類学者のフィールドノートは、犬も歩けば棒に当たる式の、脈絡のない情報であふれています。そのうちのどれをどう使い、どれを使わないかは、ほぼ研究者の恣意に任されます。その情報処理の過程を透明化し、誰でも使える経験的な帰納分析法に仕立て上げたのが川喜田さんでした。あとになって、GTA(4)(Grounded Theory Approach)というものが海外から紹介されましたが、KJ法を実践していた人たちは、なあんだ、そんなことなら昔からとっくにやっていた、と思ったものです。しかも実際にやってみればわかりますす。

が、概念語に注目するＧＴＡよりは、ＫＪ法のほうが、はるかに言説分析には向いていま味です。

Ｇ Ｔ Ａの grounded とは「地についた」転じて「経験的データにもとづいた」という意味です。Evidence-Based というように、社会科学は経験科学です。質的調査はしばしばその恣意性で分析の信頼性が疑われがちですが、ＧＴＡやＫＪ法では少なくともこれだけの経験的根拠にもとづいて、これだけのことは確実に言える、という分析結果を出すことができます。

ＫＪ法の原理はとてもシンプル。情報をいったん脱文脈化したあとに、再文脈化するだけ。川喜田さんの言い方を借りれば、五里霧中の情報のなかから、筋道を見つけることをいいます。そのとき二次的に得られた再文脈化こと筋道が、情報加工の生産物になります。

ＫＪ法のマニュアルはたくさんありますが、ＫＪ法をマニュアルを使って覚えようなんていうのは、見当違い。畳水練で泳ぎを覚えようというくらい、まちがっています。とにかくやってみて、カラダで覚える、それしかありません。やってみれば経験知として伝達可能で学習可能な、納得できる方法であることがわかるでしょう。

ここではわたしが実際に授業で使ってきた上野流のＫＪ法マニュアルを図表８－１に挙

1　KJ 法とは
発明者川喜田二郎氏（京都学派の文化人類学者）の頭文字（KJ）をとってつけられた質的データ処理法。問題意識の発見、収集データのまとめ、共同討議の方向付けなどに広く用いられる。
文献　川喜田二郎『発想法』『続　発想法』中公新書

2　用意するもの
KJ カード（商標登録）、模造紙、輪ゴム、マジックインキ（各色）、サインペン（赤&黒）、黒ボールペン（各人）、セロテープ

3　手順
3.1　カード作り
方法　ディスカッション／インタビュー／ブレーンストーミング／ノルマ配当
3.2　カードのグルーピング
3.3　表札つくり（カテゴリー化）
3.4　配置（マッピング）
3.5　関連づけ
3.6　ストーリーテリング
3.7　発見と課題

4　カードつくりのルール（情報のユニット化）
4.1　1カード1情報の原則
4.2　テーマではなくコンテンツを（新聞見出し方式、5W1H ）
「女性の適齢期」→「クリスマスケーキから大晦日へ」

カードの有効性（“So what?” test）

4.3　簡潔・明瞭に
4.4　やさしいことばで、発言の持ち味を生かして
「婚外セックスの自己中心性」→「浮気はしたいが許せない」
4.5　自分のことばでまとめなおしてもかまわない（情報加工は不可避）
4.6　大きくはっきりした字で（1カード2行以内）

5　所要時間
情報収集　max 1 時間半（カード作成　1 時間半）100-200ユニット情報
カード処理　1 時間半
= 1 ラウンド約 3 時間

6　参加者の適正規模
1人以上10人未満（4-5 人が適正規模）

7　KJ 法の文章化（レポート執筆）
集合的レポートが作成できる（参加者の誰にでも）

フェイスシート（属性）　分析に関与する独立変数
半構造化自由回答法=質問項目+自由回答項目

図表8-1　上野流の KJ 法マニュアル

図表８－２　KJ カード

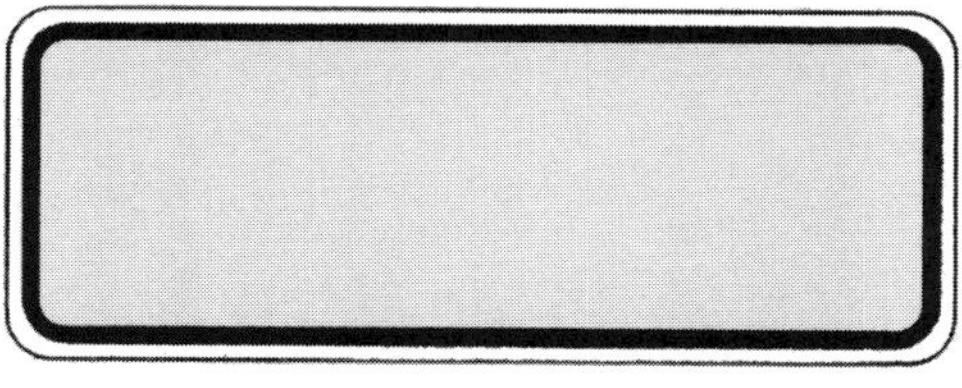

図表８－３　KJ カード実物大

げておきましょう。

順番に説明しましょう。

ＫＪ法のキモは、情報をユニット化するということです。ユニット化するのは、脱文脈化するための前提条件です。

一情報一単位の原則を守るために、ＫＪカードというユニークな記録用紙が発明されました【図表８－２、８－３】。二センチ×六センチ角のこのセルフスティッキングタイプのカードは、「ＫＪラベル」の名でＫＪ法普及協会が商標登録をとって独占販売しており、どこでも入手できるわけではありません。のちに類似の製品が各社から次々に出されましたが、同じものを商品として発売することは禁じられています。違いは（1）カードに黒枠がついていること（あとで分析の際に情報ユニットが識別しやすくなります）。（2）ミシン目がついて切り離しやすくなっていること（情報を脱文脈化する時に便利です）の二つです。他社の製品と比べてみてください。こんな便利な製品がなかったころには、わたしたちは紙を切り貼りして、ウラに糊をつけたりセロテープで貼ったりしていたものです。最近は両面テープの簡便なものが登場しましたので、ずいぶん作業がやりやすくなりました。ポストイットを代用することもできますが、あとの分析を考えるとサイズ感は大切です。

質的情報の収集にはいくつもの方法があります。まず川喜田さんのような人類学者が書くフィールドノートに記された観察データ、それから発言記録などです。情報提供者に面接調査に行くこともあります。これがインタビューやヒヤリングと呼ばれます。インタビューにも個人インタビューとグループインタビューとがあります。当然得られる情報は違ってきます。シンクタンクや企業では、アイディアを出し合うブレーンストーミングという手法があります。最近ではワールドカフェやマインドマップなど、それにそれを指導するファシリテーターと呼ばれる人々などが登場して、多様なデータ分析の手法が登場しましたが、基本はＫＪ法とたいして違いありません。

わたしは授業で一五分程度のＤＶＤを全員に見せて「ここから得られた発見を一〇ユニット以上のデータにせよ」という課題を出したり、キャンパスに学生を放し飼いにして、「得られた観察を一〇ユニット以上のデータにせよ」という課題に答えてもらったりしました。つねひごろ見慣れたキャンパスも、ただ目的地にいくために通過するだけと、その気になって観察するのとでは違って見えます。ＫＪ法をマーケティングに取り入れた（株）Do Houseの小野貴邦さんは、主婦に仲間とのおよそ一時間の新商品のディスプレイを求め、メモをとらずに終了後一〇〇ユニットの情報データの収集を要求しました。そして主婦を情報生産者に鍛え上げました。同じ条件のもとで情報生産を要求すると、ひとによって情報生産性が異なることがよくわかります。授業の実習で実施したわずか三〇分ずつの交互の自己紹介インタビューでも、相手から十数個の情報ユニットを得るのがやっとの学生もいれば、同じ時間に五〇近い情報ユニットをゲットする学生もいます。

ＫＪ法はひとりでも複数でもできます。どちらかといえば複数の参加者からなるグループワークに向いていますが、それというのも、立場の違う複数の人々が思い思いに発言する脈絡のない情報を整理し分析するのに向いているからです。もちろんひとりＫＪというのもあります。問題設定のはじめに、これも脈絡のない思いつきをあるだけ目の前に情報化して、自分でも自覚していなかった隠れた脈絡を見いだすという効果があるからです。とはいえ、やはり複数の参加者がいるほうが、自分の死角にある思いがけない情報を提供してもらえるという点で、ＫＪ法の強みが発揮できます。それにも適正規模というものがあって、四人から七人程度、マックス一〇人が場をコントロールできる限度でしょう。ワールドカフェやバズセッションなどで小集団に分けるのはそのためです。

†ＫＪ法の小道具

ＫＪ法にはいくつかの小道具が要ります。まずＫＪカードもしくはその代用品。それに輪ゴム、マジックインキ、全紙大の模造紙、セロテープなどです。どこにでもあるものですが、あらかじめ用意しておきましょう。そして、全紙大の模造紙を拡げるスペースが必要です。

情報ユニットに記入するのは黒のボールペンで。鉛筆は読みにくいので使いません。それに書いたら基本、消さないことが前提です。

文字ははっきりした読みやすい字で、せいぜいＫＪカードに二行までの大きさで。情報をユニット化するとは脱文脈化しても意味が通じるように情報の独立性を高めるということですから、新聞の見出しのように5W1Hが記載されていることが重要ですが、マストではありません。何度もくりかえしますが、情報とは語ではなく言説。意味のあるセンテンスであればOKです。

†情報生産の方法

情報は観察やブレーンストーミング、グループ・ディスカッション、インタビューなどの手段で得ることができます。それが一次情報です。観察であればそれを命題のかたちで言語情報化することになります。新商品について「Kさんはちょっとね、という反応」とか。たとえばここに「Kさんは生協組合員」という情報があれば、このふたつの情報ユニットから得られる新しい発見は「生協組合員は消費者として商品への要求水準が高い、新商品はその要求水準を満たさない可能性がある」という発見に至るかもしれません。

ブレストやグループ・ディスカッションなら誰かを記録係に決めておきます。負担が特定の誰かに集中して不公平なら、隣のひとが発言を記録するようにします。通常右利きのひとが多いので、記録係は自分の左隣のひとの発言を書き留めるように決めています。左耳で聞いたことを、右手で書き取る、といっても速記者ではありませんから、要約しか書けません。右隣のひとが記録係であることがよいのは、話し手が隣をのぞきこんで、「それ、ちがうだろ」とツッコミを入れられるところです。まちがった要約が書いてあれば、ただちにその場で訂正を求めればいいだけです。グループインタビューやグループ・ディスカッションの場合は、後から発言者がトレースできるように発言者のコード番号を、カードの隅に書いておくとよいでしょう。たとえば【50M1】なら「五〇代男性、番号1」を表します。

要約には必ず書き手のバイアスやノイズが入ります。一次情報の生産過程において、ノイズをなくすことはできません。ノイズは入るもの、とハラをくくります。

一カード一情報の原則は守ります。ふつう接続詞（「そして」、「だが」）が入ると、そこで情報は切れます。そこでは情報ユニットは複数生産されることになります。人はだらだら長く話すことがありますが、そうなると一回の発言で情報ユニットはいくつも生産されます。発言内容は簡潔に要約しますが、発話の口語性やオノマトペなどは、極力活かします。「セクハラ許容の財務大臣の態度にムカつく」とか「老後はゆるゆる機嫌よく」とか、あとになってキーワードになる一次情報は、極力採集するようにします。

†データをユニット化する

次に質的データ・コレクションの王道である面接調査の情報ユニット化について説明しましょう。面接で得られたデータには、まず音声記録が残ります。音声だけでは使えませんので、それを文字に表記します。逐語表記をすることもありますが、これはおそろしく時間と手間がかかります。そのためにテープ起こしという仕事が成り立っているくらいです。時間を節約したかったら外注すればよいのですが、今度はおカネがかかります。何度も言いますが、ここまでで何事かをなしとげたという達成感を味わってしまい、山のように積まれたテキストを前に、茫然自失してしまいがちです。

一時間半から二時間の音声記録は、文字表記をすればほぼ四万字から六万字の分量になります。A4版横書きのレポート用紙に入力してほぼ三〇頁から四〇頁。それが仮に一〇サンプルあれば、三〇〇頁超。大著一冊分は優に超えます。

しかも口頭の発言は、重複が多く冗長なもの。間合いがあったり、ためらいや沈黙があったりします。精緻な会話分析などでは、間や沈黙、話題転換など、言語情報に付随する言語外的情報 paralinguistic message[(5)] が重要になることもありますが、わたしたちが分析したいのは、あくまでコンテンツである言語情報 linguistic message です。とりあえず文脈や非言語情報には目をつぶりましょう。

質的調査を強調する指導者のなかには、とってきた音声情報は自分自身の手で逐語表記することでデータの重要性をカラダに叩き込む、みたいな修行僧のような課題を学生に課す人もいますが、そんな人に限って、積み上がったデータをどう分析したらいいかを、教えてくれないものです。

KJ法では、原則音声データの逐語表記はしません。これで相当省エネになります。音声データをノンストップで再生しながら、ほぼリアルタイムでコンテンツをメモ書きしていきます。そのとき重要なのは、のちに脱文脈化するために、情報をユニット（単位）に分解すること。これを情報ユニットの生産と言います。もしひとりアシスタントを用意できたら、インタビューの最中にその場で情報ユニットを生産してもらいます。インタビューが終わった時に、情報ユニットの生産も終わっていることになります。

これも経験則で言えば、一時間半から二時間の面接調査で生産される情報ユニット数は一〇〇から一五〇。話がはずんで情報量が多いなと思っても二〇〇が限度です。そしてこれが一度に情報処理できる経験的なボリュームの限界でもあります。四万字から六万字のテキストよりは、一〇〇から一五〇の情報ユニットの処理のほうが手に負えるでしょう。

ＧＴＡでは逐語表記したテキストをセンテンスに分割していきます。情報のユニット化と脱文脈化という点では同じことをしているのですが、ＫＪ法のほうが効率がよいと思います。それにＫＪカードのような工夫もありません。アメリカでＧＴＡを知ったとき、ＫＪ法のほうがずっと効率がよい、と思ったものです。英語の障壁がなければＫＪ法はりっぱな日本産の知財輸出品になれたでしょうに。

情報ユニットは脱文脈化するために、切り離してばらばらにします。そのために切り離しやすいように、商標登録したＫＪカードにはミシン目が入っているのですが、ばらす前に、時系列にそって記録したＫＪカードの用紙を、その文脈のまま保存するために、いったんコピーしておきましょう。あとで一次情報をチェックするとき、どの情報がどの文脈で出てきたのかをトレースしやすくするためです。面接から得られる大量の一次情報のうち、本文中に引用したくなるような発言はほんのわずかです。あとから分析の過程で、これぞというキーワードやデータが出てきたら、そのときこそ、もとの音源にもどってその部分だけを文字起こしすればよいのです。当事者のことばで語られた引用にはライブ感がありますし、全編文字起こしするテマが省けて省エネになります。

さてここまでで、データ・コレクションは終わりました。目の前にこうやって得られた一次情報のユニットの集合があります。これからどうすればいいのでしょうか。

第10章でご説明しましょう。

注

(1) データ・マイニングとは巨大なデータソースから特定の語やテキストデータを掘り出すmining調査技術のこと。コンピューターの発達で可能になった。

(2) フーコーの『性の歴史』は言説分析の方法を提示したものとして有名だが、何を言説集合とするか、言説の網羅性は保証されているのか、等の問いに答えていない。言説分析の方法論については赤川学『セクシュアリティの歴史社会学』[1999]が役に立つ。

(3) 発明者川喜田二郎氏の頭文字(KJ)をとってつけられた質的データ処理法。問題意識の発見、収集データのまとめ、共同討議の方向付けなどに広く用いられる。

(4) 社会学者のグレイザーとストラウスが質的情報から根拠にもとづいて理論を生み出す手法として開発した分析法。日本語で読める参考文献に以下がある。グレイザー&ストラウス『データ対話型理論の発見』[1967＝1996]。木下康仁『グラウンデッド・セオリー・アプローチの実践』[2003]

(5) 非言語情報non-verbal message、文脈情報contextual messageとも言う。

9　インタビューの仕方

†半構造化自由回答法とは

質的データの分析の前に、少し回り道して、質的データ・コレクションの王道であるインタビューについてお話ししましょう。なぜならインタビューとは何か、どのようにすればよいのか、のノウハウは意外と少ないからです。

質的調査といえば、まず思い浮かぶのが面接調査です。面接調査をインタビューとも呼びます。まずインタビューとは何か、を説明しておきましょう。多くの面接調査は半構造化自由回答法という方法で実施されています。完全な自由回答法は、「あなたご自身について自由にお話しください」というもの。ライフヒストリーを聞くときには、しばしばこういう尋ね方をすることもありますが、それでも生まれ年や出生地、両親の職業やきょうだいの出生順位、進学や卒業、結婚や出産などのライフ・イベントなど、基本的な情報は忘れずに聞くもの。複数のサンプルにインタビューするときには、最低限これだけは共通に聞いておこうという項目を立てておかなければ、あとで比較することがむずかしくなります。自由回答法では、調査の意図を持たずに参与観察をしながら、折に触れて被調査者が発言したことを収集したり、また二度、三度と接触して長期にわたる関係を結ぶなど、調査が一回ですむことはほぼありません。裏返しにいえば、そういうフィールドの中では、聞いていることと聞き漏らしていることとは、調査者次第になります。フィールドノートや観察記録と同じく、あらゆる発言を記録しない限り、自由回答法によるデータ収集は調査者の解釈の枠のなかに収まる傾向が強くなります。

反対に、完全に構造化された面接法では、質問項目が決まっていて、一問一答形式になります。選択肢が与えられていてそのうちから選んでもらう場合もあります。質問紙法と変わりませんが、完全回答をほしい場合や回収率を上げたい場合には、調査員を派遣して、被調査者を前にして面接で回答を得ることもできます。

半構造化自由回答法はこの両極の中間です。せっかく目の前に調査対象がいるわけですから、相手の回答に対して、調査者が「それはなぜですか?」「その時、何を感じましたか？」等々と、二次的三次的質問をくりだすことが可能です。一問一答では得られない、深い回答を得られることが多いのが、この半構造化自由回答法のメリットです。

半構造化自由回答法の面接の場合には、会話の主導権を被調査者に与えるように誘導しなければなりません。そしてイエス／ノーで答えることができるような質問よりは、「なぜ」「どうして」と語りで答えなければならないような質問を発することが大事です。インタビュー調査のテープを後で聴いてみると、調査者のほうが被調査者よりもたくさんしゃべっていることもあるものですが、こういう調査は落第。それに、「いまあなたがおっしゃったことは……ということですね？」とまとめて、イエス／ノーで答えをもらうのも失敗です。相手が言いよどんだり、沈黙したりしても、じっとがまんして待ったうえで、そのひとのことばで語ってもらうようにしましょう。

インタビューは議論や反論の場ではありません。たとえ相手のいうことに同意できなくても、相槌を打ちましょう。相槌は同意ではありません。そして「どうしてそうお考えなのですか？」と相手をよりよく理解するようにしましょう。

話し手にとって何が大事かは、話し手自身が決めます。調査の主題と一見関係なさそうなことを相手が話しだしても、基本、遮らないようにしましょう。わたしの友人の建築家はシルバー・コーポラティブの設計を専門にしていました。かれは自分の設計した建物の居住者に住み心地を尋ねに面接調査に向かいましたが、たったひとつ、「住み心地はいかがですか?」という問いに対する答えを得るのに、最長で五時間、年寄りの話につきあった、と言います。年寄りは話し相手がほしい。そこに飛び込んできたインタビュアーは、年寄りにとってもっけの幸いでした。ですが、一見無駄に思えたお年寄りの話から、そのひとの生活歴や家族背景、抱えている問題などが浮かび上がり、それがその後の設計の役に立った、と言います。

こんな例もあります。高齢者の余暇活動についての調査でうかがった相手が、聞きもしないのに自分の信仰についてとうとうと語り出した。あとになってそのひとにとって宗教活動が先述した社会関係資本［Putnam 2000＝2006］の大きな資源になっていることがわかって、納得したということもあります。ですからその時、「お聞きしたいことはそれじゃなくて……」と相手の話をさえぎらなくてよかったのです。

†対象者のサンプリング

面接調査に際しては、まず対象者のサンプリングが必要です。誰に、何を聞くのか?

そのためにはどういう条件を満たした人を対象にするか、サンプリング・クライテリア（基準）sampling criteriaを決めなければなりません。性別、年齢、職業、学歴、年収、地域、家族構成、生活歴等々。サンプルの規模も大事です。一般に面接調査はデータ収集にもデータ分析にもテマヒマがかかるので、欲を出しても二桁まで。三桁の対象に面接調査を実施するのは、単独ではほぼ不可能です。

たとえば立命館大学の上野ゼミで修士論文を書いた中野円佳さんのサンプル数は一五、彼女の研究主題は、「男並み動機で就職した総合職女子が、女並み理由で会社を離職する理由」というものでした。「男並み動機」とは生きがいややりがい、それに年収で仕事を選ぶこと、まちがっても妊娠・出産しても働き続けやすい職場かどうかなんて、考えもしないことを言います。「女並み理由」とは妊娠・出産という女にだけ起きる、「男にはない」理由のことです。彼女の修論はその後、『「育休世代」のジレンマ』［中野2014］として単著になりました。刊行後に彼女は会社を辞め、今は「女性活用ジャーナリスト」を名乗って、活躍しています。中野さん自身が「男並み動機」で就活をした大企業の総合職女子。育児休業のあいだに子どもだけでなく、大学院に通って修士号と単著をゲットした勝ち組エリート女性です。その彼女がわたしにこう言いました。「上野さんたち女性学の研究者は、ワリを食った女性たちには同情的だけど、勝ち組女には冷たい。でも勝ち組女にも、「涙はあるのよ」と。まったく。そう思ってわたしは彼女の研究をエンカレッジしました。

彼女が選んだインタビュー対象者のサンプリング・クライテリアは、二〇〇〇年代に四大または大学院卒、民間企業総合職、大都市圏在住、既婚、核家族、第一子の育休取得中か取得経験ありというものでした。女性比率の低い総合職に男性と同じ条件で参入していった女性たちが対象です。公務員や資格職、航空会社のキャビンアテンダントのような伝統的な女性職は除きました。核家族を選んだのみならず、育児資源として祖母力が活用できるようなケースも除外してあります。そうなれば夫が育児戦力になるかどうかが問われます。

このクライテリアはとてもよく考えられています。二〇〇〇年代に入職した学卒または院卒女性を選んだのは、女性の四大進学率が急上昇した九〇年代後半以降、学卒が当たり前になって、女性総合職採用が大企業でも総合職の新卒採用者の一定数を占めるようになったのが二〇〇〇年代以降のことだからです。八五年の男女雇用機会均等法以後の世代が、ことあるごとに職場の珍獣扱いをされたことに比べれば、女性総合職があたりまえになった時代、「わたしたちは、総合職第二世代です」と彼女が言うにも、根拠があります。また育児休業制度が大企業を中心に定着し、彼女たちは当然の権利として育休をとる権利意識の強い世代でもありました。首都圏銘柄大学を卒業した彼女たちが入った大企業は、福利厚生が充実しており、育休をとることにも制約が少なく、調査時には女性労働者の育休取得率は、該当者の九割を超えていました。

もちろんこのサンプリング・クライテリアにかなう対象者は少数です。彼女自身がこのクライテリアを満たすエリート女性で、この研究は一種の当事者研究と言ってもよいものでした。こういう少数の精選された集団を研究対象にするような調査を、典型調査 typical survey といいます。典型と平均型は違います。調査の目的に合致したサンプルが平均から逸脱していても、そうした典型を扱うことで、対象がよりよく理解できるからです。同じような条件をクリアした少数者を対象にした調査のなかから、中野さんは離職群、離職予備軍、就労継続群という三つの類型をあぶりだし、何が彼女らを分岐させるか、を説明する要因をあきらかにしました。

外国にも少数のサンプル規模で効率のよい発見を導き出し、本を書いた研究者がいます。クレア・アンガーソンはわずか一九例で『ジェンダーと家族介護』[Ungerson

1987＝1999〕という本を一冊書いてしまいました。家族介護といっても、内容はさまざまです。彼女は誰が誰をなぜ、いつ、どう介護するのかという問いを立てて、生活歴の細部に立ち入り、さまざまな類型を明らかにしました。わずか一九例なのに「家族介護者」という以上の共通性がなく、そのなかには、妻が夫を、夫が妻を、娘が母を、嫁が義母を介護する……といった多様な事例が網羅されていました。むしろ多様性に配慮してサンプリングしたことが述べられています。ひとつの類型にひとつの事例しかないようなケースでさえ、他の類型と比較することで、多くの発見が得られます。

アンガーソンが説明のための理論的枠組みとして採用したのは、ライフステージ論(1)です。たとえば夫による妻の介護は、退職に伴う職業の代替物として課題達成的に選ばれるとか、退職以前の就労中の夫が妻の介護に当たることはほぼなく、夫の稼得が妻の介護の外注にあてられるとか、嫁の介護は育児の代替物で、育児期を終了した後も就労しないことの言い訳に使われる、とか。わずか一九例の事例研究から、豊かな発見が得られました。ただしこのためには、各事例の生活歴や家族関係を詳細に聞き取る面接調査が必須です。

†信頼と調査倫理

フィールドワークや面接調査が成立するためには、調査対象との信頼関係が成り立っていなければなりません。それをラポール rapport をつくる、と言います。ラポールとはフランス語で親密な信頼関係のこと。もとは社会心理学の用語です。面接調査のためには、まず相手の合意が必要ですが、それだけでなく、信頼関係をつくらないと、インフォーマント(2) informant はプライバシーに関することを赤の他人に話してくれたりしません。しかしそうなると他方では、「ここだけの話」と打ち明けた情報が、研究目的で公開されることにもなります。とりわけ典型調査のような特殊な事例や、ケーススタディ等では、いくら匿名にしてもサンプルが特定されやすいもの。セクシュアリティや介護など、プライバシーに関わる調査では、それを嫌うインフォーマントもいます。

せっかくテマヒマをかけて得られたデータでも、研究目的に使うことができなければ無いも同じ。そのために、調査のためにはインフォーマントの「同意書」を事前にとるようになりました。大学によっては学内に調査倫理委員会を設置して、学生・院生の調査を事前にチェックし、許可する関門を設けているところもあります。

ですが、それだけではじゅうぶんではありません。研究成果が出たら、その第一読者はインフォーマント。当事者が納得してくれなければ研究成果の公表はできません。自分の事例は使わないでくれ、とか、ここはこんなふうに言っていない、と言われれば、涙をのんで応じなければなりません。たとえ音声記録があって証拠が残っていると言っても通りません。口頭発言の著作権はすべて発言者にあります。そして著作権とは、テキストを書き換える権利のことです。質的調査は、使わない／使えないデータがたくさんある、ムダの多い調査です。ですが、使わなかったデータの厚みが文脈を豊かにし、解釈の厚みを生み出します。

調査者と被調査者とのあいだにあるラポールを裏切らないこと……が調査倫理の根幹にあります。もしこれが破られれば、被調査者は傷つき、二度とふたたび調査を受けようとは思わなくなるでしょう。調査倫理を守ることは、被調査者を守るように見えてその実、調査者個人を守るだけでなく、研究者の業界全体を守ることでもあるのです(3)。

†インタビューのノウハウ

さてラポールをつくって、面接調査に入るにあたって、何に注意すればよいでしょうか。図表9－1は長年の面接調査の経験から学んだノウハウを示したものです。東京大学社会学研究室で実施した社会調査実習のための「面接調査の心得」を、一部改訂したもので、

「事前準備編」「当日編」「事後処理編」の三部から成っています。

　現地に入る前に、まずメイルか文書で依頼状を出しましょう。自分が何者かを説明し、調査の目的を明らかにし、得られたデータを何に使うかを説明し、引用は事前に必ず了解を得るよう条件を示すことも忘れないようにしましょう。使用後のデータの管理についても、不安を持たれないように説明しましょう。データはすべて匿名化し、責任を持って保管するとか、または調査終了時に廃棄するとかの処理法を示します。日程調整のうえ場所と時間を指定し、何時間以上にはわたらないことも、あらかじめ伝えておきましょう。音声記録をとる場合には、事前に同意を得ておきましょう。調査に対する同意書をあらかじめ送っておくことも必要でしょう。最近では調査倫理に関する規定がきびしくなりましたから、データの使用について、調査対象者の同意を書面でとっておくことは大事です。

　さて、当日になったらどうするか。

　清潔で好感の持てる身なりをするだけでなく、礼儀正しくふるまうのはもちろんのこと。挨拶もきちんとし、場合によっては手土産も用意しましょう。忘れがちなのが真夏の素足対策。日本の家屋は、履き物を脱いで入るところです。よそのお宅に上がるときには、洗濯したソックスを持参して玄関で履きましょう。

面接調査の心得1（事前準備編）

1　手紙またはメイルで面接の依頼をする。その際、自己紹介、調査の主体、調査の目的、データの処理法等を説明する。時間と場所について説明し、相手に負担をかけないようにする。
2　先方に問いあわせが届いた頃を見計らって電話もしくはメイルで、つごうを問い合わせる。場所と時間を指定してもらい、アポをとりつける。
3　録音や記録（映像収録等）について同意を得る。
4　データの利用法について同意書を得る（事前もしくは当日）。たとえ同意書があっても、本文中の引用については、本人の許可なく使用しないことを約束する。
5　前日または数日前に訪問のリマインダーを入れる。
6　機材、質問紙、メモ、それに謝礼（あれば）等を準備して、当日の訪問にそなえる。

面接調査の心得2（当日編）

1　訪問先には約束した時間に伺う。遅刻してもいけないが、あまり早くに行くのも避ける。
2　日本家屋では玄関で靴を脱ぐ。脱いだ靴は必ず揃える。脱ぎ履きに面倒な履き物は選ばない。靴を脱いだ後のソックスやストッキングが清潔で綻びがないか、チェックしておく。夏場に素足の場合には、清潔なソックスを用意して、玄関で履く。
3　冒頭にご挨拶とお礼、どのくらい時間をとるか（とってもらえるか）を予告する。（通常1時間から1時間半ほど、長くて2時間が限度。双方共に疲れが出る）
4　音源を録音してよいか、相手に許可を求める。ただし録音機材は目につかない、気にならないところに置く。バッテリーチェックや試し録りは予めやっておく。テクニカル・トラブルは徹底して避ける。
5　質問紙は相手に見せない。自分でも必要な時以外は見ない。インタビュー前に全体の流れを頭に入れておく。
6　入りやすい、聞きやすい質問から始める（すでにわかっていることを確認する等）
7　質問役と記録役の役割分担はきちんとしておく。両方をひとりでやるのは難しい。
8　定量調査の回答ですでにわかっていることは繰り返して尋ねない。さらにつっこんだ質問をする。
9　はい／いいえで答えられるような質問の仕方をしない。

図表9－1　面接調査の心得

10 相手のいうことを自分のことばでまとめない。
11 一問一答方式をとらない。
12 相手の答えに応じて、臨機応変に二次的、三次的な質問を重ねる(「それはなぜですか？」「その時どのように感じられましたか？」等)
13 話題の飛躍や転換を妨げない。
14 相手が話したいことは自由に話を促す。(何が重要かは、聞き手でなく、当事者が決める)
15 話の腰を折らない。相手の話したいことは興味を持って聞く。
16 相手が話したがらないことや、答えを渋ることは無理に聞き出さない。
17 相手に疲れが出たり、継続が難しい事態が起きたら、ただちに中断する。もしくは早めに切り上げるために、重要な質問を優先する。状況判断は大事。
18 聞き残した質問についてあとから補足する。
19 面接を始めるきっかけも大事だが、切り上げるタイミングはもっと難しい。時計をちらちら見ない。切り上げ時は次のキーワードでつかむ。「さっきも言ったことだけど」で話が繰り返しモードに入る。切り上げにくいようだったら、「残念ですが、次の予定がありますので」も便法。
20 これ以降のつながりを保つことができるように、追加調査の可能性について了解を得ておく。(「もし聞き漏らしたことがありましたら、また電話やメイルなどでお伺いしてもよろしいでしょうか？」)
21 ケースレポートの確認のために相手の連絡先（住所、電話番号、メイルアドレス等）を確保しておく。
22 お礼を伝え、謝礼（もしあれば）を手渡す。出されたお茶などの後片付けをして（先方から必要ないと言われたら、やらなくてもよい)、辞去する。

面接調査の心得 3（事後処理編）

1 翌日以降にメイルか手紙で協力への礼状を出す。
2 追加質問があれば、メイルもしくは電話で聞く。
3 引用箇所は必ず本人に見せて許可を得る。
4 報告書や論文など成果物が出れば（希望があれば)、調査対象に送る。
5 報告書や学内の論文の域を超えて、公刊物にする場合には、再度同意を得る。

聞き漏らしを防ぐために音声を記録しますが、その際も相手の同意を得てから録音を開始します。ただし目の前に大きな機材があると意識しがちですから、最近の小型化したボイスレコーダーなどは便利ですが、それも相手の許可無く録音してはなりません。その場になって電池が切れたなどという単純なテクニカルミスがないように、前日までにチェックしておきましょう。終了したら「ありがとうございました」と言ってスイッチをオフにしますが、それから後にオフレコで面白い話が聞けることがままあるものです。オフレコとは文字通り、レコーディングが終わったあとに飛び出すホンネトーク。音声記録には残っていなくても、忘れないうちにメモして、記録をとっておくことも大事です。

さて、自己紹介と調査の趣旨の説明が終わったら、何から始めたらよいでしょうか。半構造化自由回答法による質問は、まずかんたんなところから、つまり回答しやすい質問から始め、徐々にハードルの高い質問へと移ります。半構造化の部分には質問票が用意してありますが、その質問票はオモテに出さないようにします。話の流れをこわさないように、質問票の順番を無視しても、相手の話に合わせましょう。なぜ、どうして、の二次的、三次的質問をくりだして回答を深めましょう。ひとは問われないことには答えないものです。ときどき質問票をチェックして、聞きもらした質問があれば、「ところで追加の質問があるのですが……」と戻ればよいのです。

面接調査でむずかしいのは、始めることより切り上げることです。初対面の面接調査にかかる時間は、経験則で約一時間から一時間半。話がはずんだと思っても約二時間です。三時間も四時間も対話が続いているときには、話題が変化していると思ってください。そのうえ、二時間はほぼ生理的にも集中力が切れる限界。大学の授業の一コマが九〇分に設定されているのも故無しとしません。

そろそろ切り上げ時かな、ということがわかるキーワードがあります。「さっきも言ったけれど……」という枕詞がインフォーマントの発言に出るようになったら、インタビューの内容はリダンダント（冗長）になった、と理解してかまいません。回答に繰り返しが出てくると、新しい情報は得られません。

「そろそろこの辺で……」と辞去するときには、お礼のことばと共に、これから先のコンタクトについても同意をとっておきましょう。「もし聞き漏らしたことがあったら、後からまたお尋ねしてもいいですか」とか「これから先もご連絡してかまわないでしょうか」という同意です。実際にデータ分析を始めてみると、しまった、なぜあの時、これを訊かなかったんだろう、と思うことがしばしばあります。二度と再び現地を訪問できないような人類学のフィールド調査と違って、インターネットや電話のようなコミュニケーション手段のある現在では、あとからメイル・インタビューすることはかんたんです。むしろ対面的な面接調査よりも、メイル・インタビューのような顔の見えない調査のほうが、セクシュアリティのような立ち入った主題の調査はやりやすい、ということもあります。チャットやラインを使えば、メイル調査でも自由回答法と同じく、二次的、三次的質問をくりだせます。

面接調査終了後のアフターケアも大事です。お礼状は早めに送っておきましょう。インフォーマントとそれ以後もよい関係を保っておくことは、追加調査や追跡調査のためには欠かせません。

注

(1) ライフステージとは、ライフコースを幼児期、就学期、就労期、既婚育児期、ポスト育児期、空の巣期など、ライフイベントによって分割する区分法である。

(2) インフォーマントは情報提供者の意。被調査者や被面接者 interviewee よりやや意味が広い。

（3）事実、調査対象によっては、信頼関係がないままに次から次に調査者がやってきて「調査ずれ」したインフォーマントや、荒らされた調査地などが生まれることもある。

10　質的情報の分析とは何か？

†分析と総合

さてあなたの前に、言語情報のユニットが束になって存在します。これから始まるのは、データの分析という情報加工です。先取りしておけば、この情報加工は、（1）いったん情報を脱文脈化したあとに、（2）再文脈化するというプロセスを指します。これから説明するのは、ＫＪ法の発展形であるうえの式質的分析法［上野2017］に依拠しています。

分析とは分析と総合の両面から成り立っています。分析とは文字通り「分ける」、総合とは「まとめる」はたらきを言います。ある情報と別な情報とが「違う」なら「分ける」、「似ている」なら「まとめる」、それだけのことです。

「分ける」と「まとめる」のためには、複数以上の情報ユニットがなければなりません。

ひとつの情報ユニットがもうひとつの情報ユニットと「同じか違うか」をひとつひとつ検討していきます。「同じか違うか」はYes/No の二つの値しかとりません。これを二値論理といいます【図表10－1】。二値論理は大脳神経細胞のシナプスのつながり方と同じ。AI（人工知能）とはこの大脳シナプス連結を模倣したものにほかなりません。どんなに複雑なAIでも、基本は二値論理の膨大な集積回路から成っています。

二つの情報ユニットを「同じか違うか」で分類するのはかんたんです。情報ユニットが三つ以上になるとこの操作はややふくざつになります。もし先立つ二つが「違う」ものなら、三つめの情報ユニットは、先の二つのいずれと「同じか違うか」を検討しなければならないからです。これが四つ五つと増えていけば、操作はますますふくざつになります。

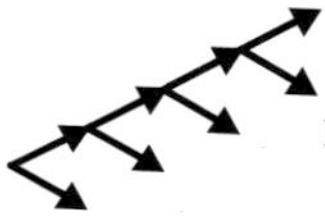

図表10－1　二値論理

「同じか違うか」の判断は、直観でやります。ふかく考えないこと。決してやってはならないのは、キーワードで集合をつくることです。わたしたちが相手にしている情報はあくまで言説、すなわち語以上の意味の単位。それが何を意味するかをもとに判断します。ですから情報ユニットは、ユニット（単位）と呼べるほどの情報の独立性を持たなければなりません。脱文脈化しても（文脈から離れても）意味が成立するだけの情報量を含む必要があります。一番身近な例は5W1Hと言われる新聞見出し。もちろん5W1Hのすべてを含むことは難しいですが、それだけでも意味が成り立つかどうかを検証するために、その情報に対して"so what?"テストというものをします。日本語でいえば「で、何やねん?」テストです。

例を挙げましょう。「共謀罪」だけのキーワードでは、「共謀罪」が「で、何やねん?」に答えられません。「共謀罪に懸念」とあれば意味が通じます。が、情報ユニットをよく読んでみると、「共謀罪に懸念を持つのは杞憂である」とあるかもしれません。他に「共謀罪に懸念を持つのは杞憂とはいえない」という情報ユニットがあるとすれば、このふたつを同じ「共謀罪」というキーワードで「まとめる」のはまちがっています。情報の意味が「違う」からです。言説の意味を解読できるのは、(今のところ)人間だけです。AIにはできません。ビッグデータによるデータ・マイニングがあてにならないのは、「共謀罪」「懸念」「杞憂」という三つのワードが関連して現れるとしても、それが肯定か否定かは、文章全体を読まなければわからないからです。

この分析と総合、「同じか違うか?」の操作を、すべての情報ユニットについてくりかえします。その結果、情報ユニットの集合が複数できます。一時間から一時間半のインタビュー調査から得られるおよそ一〇〇から一五〇ユニットの情報処理の結果、得られるグループ数の経験則はなぜだか二〇から三〇内に収まります。

おそらくそれが目と手で情報処理する人間の身体的限界なのかもしれません。経験則とはおもしろいもので、なぜそうなるかはよくわからないが、何度やっても結果的にそうなる、という傾向のことを言います。社会学にはインフォーマルグループについての小集団研究がありますが、なぜだかその最大サイズは一五人、それを超すと集団はふたつに分解する傾向がある、とわかっています。一五人のグループがふたつに分解すると七人から八人。実際わたしが関西で三〇〇近い女縁グループの研究をしたときのメンバー数の最頻値が七、八人で、その符合に驚いたものです［上野2008］。経験的にも七、八人とはひとつのテーブルでひとつの話題を共有することのできる上限の人数。これにもやはり身体的な限界が関わっているかもしれません。

人間の身体的スケールが要請する情報処理の限界というものがあります。情報ユニット数一〇〇から一五〇というのは、ＫＪカードを用いて全紙サイズの模造紙を使って情報処理する際の、目と手が届くサイズの限界でもあります。実際にやってみたら二〇〇までは同じスペースで情報処理できますが、それを超したら、下位分割してユニット数を減らすほうがよいでしょう。

最近はＫＪ法をデータソフト化したアプリもありますが、パソコン画面上で処理できる情報量や、文字サイズが読める限界などがあるので、わたしは手作業のほうを採用しています。脳内の作業を手を動かして見える化すると、おもしろいようにデータ処理のプロセスがわかりますし、達成感も味わえます。

情報ユニットを分類したグループ数も、二〇から三〇が適正サイズだというのは、それが処理できる身体的限界だからかもしれません。もしこのグループ数が三〇以上なら細分化しすぎともいえますから、いくつかのグループを統合して上位グループをつくります。もし二〇以下なら分類がおおざっぱすぎる可能性がありますから、情報ユニットの内容を精査して、下位分割が可能か検討します。

✝写真投影法

同じ分析法は、非言語的な質的情報にも適用可能であることを付け加えましょう。精神科医の野田正彰さんに「写真投影法」［野田1988］というおもしろい調査法があります。自分自身について言語化することが不得手な子どもを対象に、一日のうちに何でもいいから好きな写真を撮ってきてください、と課題を設定します。以前は使い捨てカメラがあって、一二枚とか二〇枚とか枚数が決まっていました。いまはデジタルですからキャパシティはほぼ無限大ですが、やはり二〇枚とか三〇枚とか情報ユニット数を制限しておくほうが後の処理がかんたんです。

野田さんは医者ですから、胃カメラからこの方法を思いついたといいます。内面に立ち入ることがむずかしい対象にカメラをわたすことで、あたかも胃カメラで内臓の状態を覗くように、その人の目から見た世界が浮かび上がる……だろうと予測しました。わたしはこの方法を応用して、学生にキャンパスのスナップを撮ってくるように課題を課したことがあります。

集まった視覚情報を、言語情報と同じように、分析・総合していきます。視覚的に「同じ」「違う」を繰り返すだけのことです。最終的には「同じ」カテゴリーを言語化することが求められますが、そうやって分析した当時の子どもたちの心象風景は、おどろくほど殺風景だったといいます。ほとんどの子どもたちの写真には、人物が写っておらず、室内から見た窓外の景色、それも電信柱や曇り空など、モノクロの世界だったとか。子どもたちの目に映る風景がこんなものであると、写真を通して知ることができるユニークな方法です。そうやって分析したデータに、どんな説明を与えるかは解釈者の持つ理論装置や分析概念や文脈に依存します。野田さんはこの子どもたちを『漂白される子どもたち』［野田1988］と呼びました。他の解釈や説明もできるかもしれません。ともあれ、言語情報ばかりが質的情報ではないことは覚えておいてください。

†ヒューマン・エソロジー

実はわたしには、非言語情報を質的に分析した研究書があります。わたしの「処女喪失作」である『セクシィ・ギャルの大研究――女の読み方・読まれ方・読ませ方』［1982/2009］です。タイトルは扇情的ですが、実はまじめな学術研究書です。コマーシャル写真に登場する男女のモデルのポスチュア posture（姿勢）とジェスチュア gesture（しぐさ）を、ヒューマン・エソロジー human ethology（人間行動学）の方法で分析したものです。ネタ本はアメリカの社会学者、アーヴィング・ゴフマンの『ジェンダー広告 *Gender Advertisements*』［Goffman 1979］ですが、まだ邦訳されていません。ヒューマン・エソロジーは、エソロジー（動物行動学）の発展形。コトバを話さない動物のコミュニケーションをその行動から解釈しようというエソロジーを人間に応用して、人間が言語を介さずに送る身体的なメッセージを、動物に準じて解釈するアプローチです。この先例には有名なデズモンド・モリスの『マンウォッチング』［Morris 1978＝2007］などがあります。

記号論の大家、ロラン・バルト［Barthes 1967＝1972］にはファッション写真の記号論的分析があります。広告の記号学的研究もないわけではありませんが、その多くは映像をそえもの扱いにして、コピーを言語情報として分析したもの。というのも、写真や映像のような非言語情報の分析はハードルが高く、分析方法がわからないからです。それをやってのけたのがゴフマンでした。最初は原著を翻訳しようと思ったものの、日米の文脈が違いすぎることから、いっそのこと同じ手法を日本の広告写真を対象に適用して、応用問題を解こうと思い立ちました。

非言語情報とはいえ、あるパターンのポスチュアやジェスチュアを、最終的には言語でカテゴリー化することには変わりません。たとえば高い位置どりや肩を怒らせた姿勢を「威圧」と読み、首をかしげたり上目遣いの視線を「服従」のメッセージと解読する、というふうに。本書の副題に「女の読み方・読まれ方・読ませ方」（これが最初のわたしの提案したタイトルでしたが、編集者に却下されて挑発的なタイトルをつけられました）とありますが、そのとおり、この身体記号を学習すれば、おのずと非言語的なメッセージを送ることができます。この広告写真の分析をスライドショウで、当時わたしが教えていた女子短大生たちに見せたときのこと。「センセ、どうしたら女っぽく見せられるか、よおわかったわ」という感想をもらいました。たしかに身体をくの字にし、小首をかしげて片方のひざを折り、それに加えて上目遣いをすれば、誰でも「必殺女子力ポーズ」になります。これが「カワイイ」ポーズ、つまり相手を決しておびやかさず、自分が劣位にいることを伝えるメッセージです。ためしにやってみてください。

†カテゴリー化

次のステップに入りましょう。

こうして得られた情報ユニットのグループは「似ている」から集められたものです。ならばいったい何が「似ている」のか？　直観で分類した「共通点」を言語化します。これをカテゴリー化ともいいます。カテゴリーの日本語訳は「範疇」、むずかしい用語ですが、ひとつの語のもとに共通の内包 connotation が含まれることを言います。たとえば「犬」という範疇に、柴犬やチワワ、雑種犬などが含まれるように。

しかし、ここであわてて付け加えておかなければなりません。カテゴリーは通常「単語」ですが、わたしたちが「似ている」として得るのは意味すなわち言説のまとまりです。ここがKJ法とGTAの大きな違いです。GTAでは情報をユニット化し、分類するところまでは同じですが、そこからキーワードをもとにカテゴリー化を行います。そうなると得られるカテゴリーは一〇〇から二〇〇に達することになります。KJ法では、言説の集合からそれらを総合する上位の言説を得ます。ですから正確にいうと、ここで行われるのはカテゴリー化ではなく、メタ情報の生産です。情報ユニットが調査者によって得られた一次情報だとすれば、一次情報の集合から情報（について）の情報、すなわち二次情報（メタ情報とも言います）がここで生産されます。情報加工（プロセス）とはたえざる情報生産の過程（プロセス）でもあるのです。

メタ情報とは情報ユニットの集合につけた名札のようなものでもありますので、これを「表札」とも呼んでいます。このメタ情報もまた、それだけで意味の独立した言説でなければなりません。ちょうど新聞記事の本文に見出しをつけるようなものだと思ってください。見出しだけ拾い読みすれば、本文を読まなくても「今日のニュース」のだいたいがわかる、というような「表札」のつけ方がのぞましいと言えます。

おもしろいことに一次情報から生産されるメタ情報には、GTAの発見した経験則と似たところがあります。一次情報のユニット数が多くても少なくても、メタ情報の数はほぼ一定数に収まります。もしここにさらに一次情報を追加投入しても、メタ情報の数はそれほど増えない、という傾向があります。たとえばインタビュー調査の対象サンプルが二〇の調査に、あと数個のサンプルを追加しても、メタ情報（カテゴリー）はほとんど増えない、すでに得られたメタ情報の範囲に収まるという経験則です。ＧＴＡではこの状態を「カテゴリー飽和」（「理論的飽和」とも言う）と呼んでいます。質的調査のサンプル数の少なさについてはさまざまな疑義が出されていますが、この「カテゴリー飽和」状態に達すれば、サンプル数は当該の調査対象についてはほぼ適切であると言える根拠になっています。「カテゴリー飽和」に必要なサンプル数は、実はたいした数ではありません。

†マッピングとチャート化

さて目の前にメタ情報を「表札」にした一次情報の複数のグループがあります。それらは言説の集合です。

ここで第８章で説明したＫＪ法小道具の登場です。

十分な広さのテーブルの上に、全紙大の模造紙を拡げ、動かないようにテープで固定します。一次情報の分類はこのスペースの上でやってもかまいません。すべての一次情報に表札がつけば、いよいよ輪ゴムの登場です。いったい何のための輪ゴム？　と思われたでしょう。表札ことメタ情報を上にして、一次情報をすべて輪ゴムでまとめ、目に触れないようにします。あなたの目の前にあるのは、複数のメタ情報群です。

その二〇から三〇のメタ情報群を、再び「同じか違うか」で分析します。五〇から一〇〇の一次情報の分類と違って、二〇から三〇程度のメタ情報の分類は、すべてを視野に収めて実行することができます。視覚的には「同じ」なら近くに、「違う」なら離して配置する、というだけのことです。全紙サイズの模造紙をスペースいっぱいに使いましょう。すでに一次情報の分類の際に、似たものは近くに、異なるものは遠くに分散していますから、そんなにむずかしいことではありません。

あれこれあちらに持って行ったり、こちらに引き寄せたりしながら配置を終えます。これをマッピング（配置）といいます。

配置が終われば情報カードを固定します。輪ゴムでまとめた一次情報をすべてばらし、メタカードを表札にしてグループにします。最終的にはセルフスティッキングカードの裏紙をはがして直接紙面にはりつけますが、貼ってしまえば最後、動かすことができません。

スペースの上に拡げたあと、最終的に張り出す前に、一次情報とメタ情報とのあいだの整合性（このカードはこの分類でよかったか？　他のグループに移動したほうがよいカードはないか？　さらに下位分類できるものはないか？　下位グループを上位グループに統合することはできないか？　等々）を点検します。これでよしとなったら、せーの、で貼り付けます。ポストイットだと積み重ねることができますし、貼ったりはがしたりが容易ですから、輪ゴムのようなロウテクな小道具はいらないかもしれません。ただし操作性からいえば、ＫＪカードの使い勝手はよくできています。

†チャート化

マッピングが終われば、チャート化を始めます。チャートchartとは「海図」のこと。航路の見えない海面に、進む方向を示すためのものです。チャートは別名「要因連関図」とも呼びます。複数の言説集合の間にある論理的な関係を見いだすことです。

言説と言説とのあいだの論理的関係には、次の三つがあって、三つしかありません。「因果関係」と「対立関係」、そして「相関関係」です。

因果関係とはAが起きたあとに高い蓋然性でBが起きる、という以上のことを意味しません。Ａという出来事とＢという出来事のあいだに、時間という変数を持ち込む、と言ってもいいでしょう。時間という軸の上に出来事の順序が配列されたら、それを物語と呼びます。

対立関係とは、ＡとＢとが相容れない、ということを意味します。ひとはしばしば矛盾したことを語るものです。

相関関係とは、Ａという現象とＢという現象とは高い蓋然性で同時に起きるが、どちらが原因でどちらが結果かは判定できない、ということを意味します。社会には疑似相関を含めておびただしい相関関係があります。最近ＮＨＫが「課題解決型ＡＩ」を使ってビッグデータを処理したところ、「四〇代ひとり暮らし率が高まると、自殺率が高まる」という予測を得たと発表していましたが、これは「因果関係」と言えるでしょうか。媒介変数に「ジェンダー」や「貧困」を入れないと説明できない、疑似相関かもしれません。

メタ情報のあいだをこの三つの論理関係でつなぐというのが次の課題です。グループのあいだを以下の三通りの線でつなげばいいだけです。

因果関係　Ａ→Ｂ

対立関係　Ａ↕Ｂ

相関関係　A⇅B

すべてのメタ情報をいずれかの論理関係でつないでください。その際、どうしてもつなげないメタ情報がある場合があります。そういうときには無理につなげないようにすることも大事です。他のグループとつながりのない孤立したメタ情報ができる場合があります。それをKJ法では「離れザル」とか「離れ小島」とか呼んでいます。KJ法発案者の属する京都学派の研究者たちには、人類学者や霊長類学者が多かったので、KJ法の用語には彼らの研究分野の用語が刻印されています。ちなみにこうやって得られたチャート（要因連関図）を、別名「曼荼羅図」とも言います。というのも、KJ法発案者の川喜田二郎さんはもともとネパールをフィールドにする人類学者でしたから、仏教の経典を一目で図解する画像のことを、現地では「曼荼羅」と呼んでいたことからきたものです。こうやって完成したチャート図の実例をお示ししましょう【図表10－2】。

†ストーリーテリング

ほぼすべてのメタ情報のあいだに論理的関係を示すことができれば、ここまででいったん、分析は終わります。ちょうど曼荼羅図と同じように、「仏教の世界観は何ですか？」

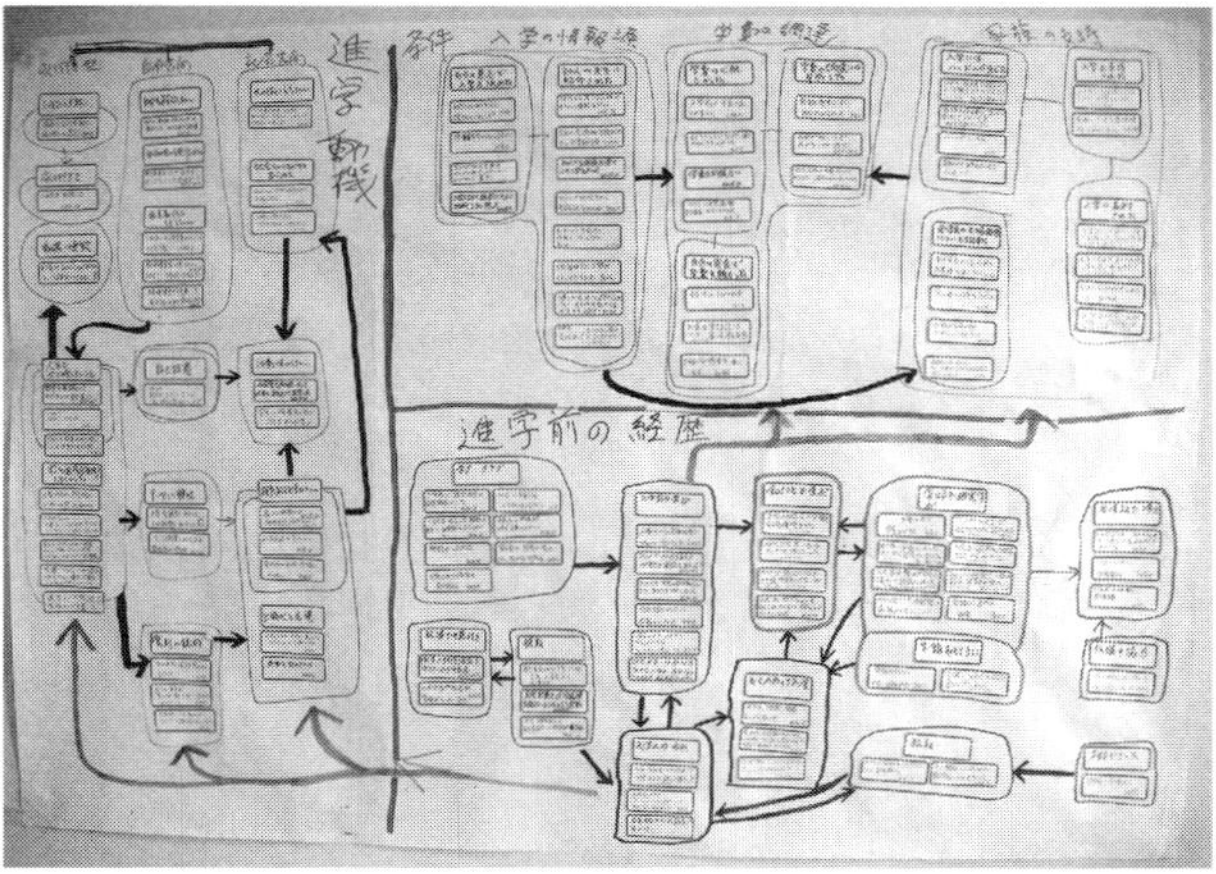

図表 10－2　チャート図の実例

出典：上野千鶴子監修／一宮茂子・茶園敏美編2017『語りの分析――〈すぐに使える〉うえの式質的分析法の実践』（『生存学研究センター報告』27号）立命館大学生存学研究センター

と問われたら、「はい、これです」と曼荼羅図を示せばすむように、要因連関図は、情報コンテンツの相互連関構造を示しているからです。

しかし、これでは論文になりません。論文は必ず言語情報によって成り立っています。要因連関図が二次元情報だとしたら、言語情報は一次元情報、すなわち時間という変数の上に配列された記号の集合です。経典を二次元情報に転換したものが「曼荼羅図」だとしたら、曼荼羅図の世界観を説明するには、ふたたびそれを言語化しなければなりません。

わたしたちはすでに語と言説と物

語の区別をしてきました。インタビューで得られた一次情報は言説の集合です。それは時間の順番に配列されています。その情報をばらばらにして言説単位にユニット化するとは、時間という変数を排して脱文脈化する作業でした。その言説からなる情報ユニットに論理関係をつけるというのは、言説間にふたたび時間という変数を導入して物語を編むことです。それをストーリーテリングと呼びます。

これを再文脈化とも言います。再文脈化された言説間の構造は、はじめのデータにあった文脈とは異なっています。そこではすでにあらたな情報加工（生産）が行われていることになります。情報の再文脈化とは、情報の集合のあいだにある、当事者も気づかないような隠れた「構造」を発見する作業でもあります。そしてその構造を時間軸に沿って物語る……ことを「説明」とか「解釈」と呼ぶのです。なぜならそこでは、話者ではなく聞き手にとって「理解可能」なかたちで、情報が加工されているからです。

†ストーリーテリングのルール

さて二〇から三〇にわたる複数の言説集合のあいだに、時間という変数を入れて物語る……ためにはどうすればいいでしょうか？

わたしはいつもこんな比喩を使っています。曼荼羅図はちょうど編み物のようなもの。二次元の編み地から、糸をほどいて一次元の編み糸に戻します。その際、どこをほどき口にしてどこを終わりにするか、を考えなければなりません。別の言葉で言えば、始まりと終わり、出発点と着地点を設定してから、物語のシナリオを決めるといいでしょう。

どこから始めるか？　それを見極めるには二つの方法があります。

まず全体の曼荼羅図を見て、情報ユニットが集中しているところを見つけましょう。見分け方はかんたんです。ユニットの数が多ければ、そのグループの分量が大きくなるからです。何が重要かは聞き手ではなく話し手が決める、ということが、この方法では視覚的に分量の多さとして示されます。だからこそ、インタビュー・データを、たとえ同じ内容であっても省略せず、くりかえしをいとわず、情報ユニット化することが大事なのです。これが取材メモやフィールドノートなら、くりかえしの多い情報は、一行で終わってしまうでしょう。調査者は、自分にひっかかったノイズしか、情報として受け止めない傾向があります。ですが、この分析法でやってみると、びっくりすることがあります。聞き逃していたことを、話し手がくりかえしくりかえしくどいほど話していることがわかり、つまりその話題が話者にとって重要な主題であることが、視覚的に浮かび上がってきます。ですから、話者にとって重要性の高いところからそうでないところへと、物語をすすめる、という方法があります。

もうひとつの方法は、論理関係を追うことです。これも視覚的にトレースすることができます。↓がもっぱら出るばかりのグループと、もっぱら入るばかりで出ていかないグループを探してください【図表10-3】。出る一方の言説集合が入り口になり、入る一方の言説集合が出口になります。そのあいだを↓にそって物語化するだけのことです。

ストーリーテリングのために使うのが接続詞です。因果関係なら「だから」「したがって」、それをさかのぼるなら「というのは」「なぜなら」、対立関係なら「しかし」「とはいえ」、相関関係なら「と同時に」「とともに」を使います。

物語化にはルールがあります。

まず第一に、すべてのメタ情報を一回以上使うこと。第二に必要に応じて、一次情報に言及すること。この場合は「例えば」という接続詞が効果的です。第三に、接続詞以外の一次情報にない情報は極力入れないこと。このルールにしたがってレポートが書かれているかどうかを点検するために、こんな工夫をしています。レポート提出時に、メタ情報はゴチックで、言及した一次情報はアンダーラインで示す、そのどちらでもない記述が少なければ少ないほど、レポートは一次情報からの加工度が少ないことになります。そうやって提出してもらったケースレポートの実例をお示ししましょう【図表10－4】。あとで説明しますが、第11章に出てくる立教セカンドステージ大学の受講生の一人、樫村隆男さんが修了生の一人をインタビューしたケース・レポートです。アンダーラインのない部分が少なければ少ないほど、情報加工度が少ないことになります。そして、このレポートの強みは、誰が書いてもほぼ同一の水準のレポートが書けることです。

こうやって得られたレポートがケース分析 case analysis です。そのケース分析は徹底して一次情報にもとづいていますから、たとえ一事例でも、エビデンスがある、と主張することができます。また恣意的な情報加工をしていない、と主張することもできます。

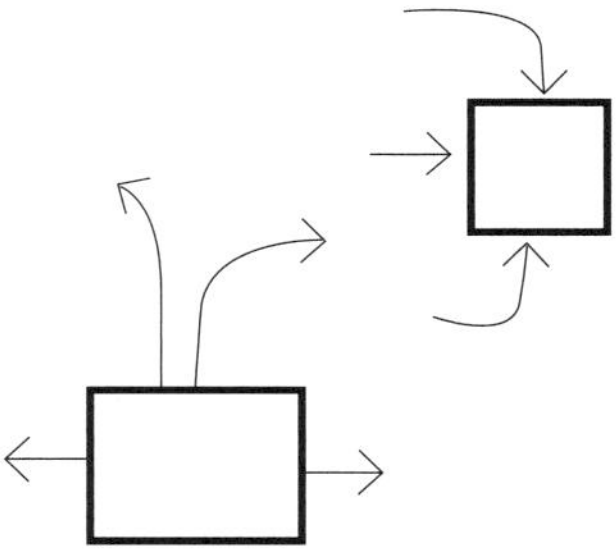

図表10－3　←が入るグループと出るグループ

†メタメタ情報の生産

ここまでのアウトプットを出したら、もうひとつ、それから先の分析にも進みましょう。情報の情報がメ

ケースレポート

分析者：樫村　隆男
所属：RSSC 本科
サンプルコード：５M66
フェイスシート：５期、男性、66歳、大学卒業、保険会社を60歳の定年を機にリタイア、現在 NFO の理事、同居家族：妻、子供２人。

タイトル：「サラリーマン・リセット成功」

1　RSSC 志望動機と満足度

1－1　残りの人生、義務に捕らわれず、楽しく有意義に過ごす。
大学卒業以来、保険業界一筋に38年間一つの会社で過ごしてきた。心地よくはあったが、反面会社の常識に染まり、視野は必ずしも広くなかったと自己評価をしている。会社の研修で「健康寿命」を知った。もうさほど長くない。定年後も誰かの指示を受け、義務感に捕らわれながら生きるより、自らの意思で楽しく有意義に過ごせることを見つけ出すことが肝要と判断した。RSSC には好奇心を満たし、視野と行動範囲を広げる素材が沢山ある。またそれらを発展させる人間関係を築けそうだ。これらを志望動機にあげている。

1－2　60歳でリタイアして大満足。
今では、60歳でリタイアして大満足している。学生時代や会社時代の人間関係も有効に維持しているが、それらとは全く違う新しい人間関係ができたことに対し非常に高い満足度を示している。

1－3　もう１回、学食でカレーライスが食べたかった。
敢えて面白おかしく表現していたが、「もう一回、学食で大盛のカレーライスを食べたかった。そして、図書館でまた昼寝をしたかった。」と述べており、自身の大学生活への懐古意識と願望が覗えた。RSSC はネットサーフィンで知った。こんなところがあるのか、自分にピッタリと思った。RSSC に入ったのは学問を究めるとか資格が欲しいということではない。健康な限り日々有意義に過ごす、つまりこれからを生きるベースになるものをここで探したかった。RSSC には会社社会とはまた違う常識や世界があることを知った。

1－4　RSSC では出会いが全て。
RSSC での意義を「貴重な出会いが生み出され、それが一番で全て。」と言い切っており、何度も出会いという言葉を強調。RSSC 受講生・修了生・教員、さらにはそこから発展し入り色な人と会い視野や活動領域がひろがり、新たな関係ができたことに対し満足感を得ている。

1－5　RSSC 同期90人の名前を全て覚えた。
本人は秋までに同期90人全員の名前を覚えたことを入学目的の実践だと誇っていた。RSSC 在学時代は種まきを意識してやった。そこで、メーカー、金融、教員、公務員等色々な人と知り合ったことに満足感を示した。また、共感できる友を在学中に探しておくことを主張しており、RSSC での意識的な人脈作りを自己の成果としている。

1－6　コスパは30万で自身の飲み代より安い。
RSSC のコストパフォーマンスは、年間受講料たかだか30万円で、月２万５千円。飲み代より安い。自身の飲み代との比較を例に出し、RSSC への入学は経済的なゆとりがある者に限られたものでないことを示唆するとともに、高いコストパフォーマンスに満足している様子が感じられた。

図表10－4　レポートの例

1－7　**全カリの先生や先輩の人脈を活かした。**
全カリの授業が若い人と知り合えて楽しかったこと、以前は本科・専攻科混合ゼミだったので色々な先輩とも知り合えたこと、全カリ教員とも親しくなりその勧めで別のシニアカレッジでの活動に発展したことなど、人との繋がりを重視。

2．修了後の活動

2－1　**NPO 活動と RSSC 同窓生との交流が活きている。**
修了後、在学中のゼミでの縁があり、女子学生を支援するシェアハウスを NPO 法人として立ち上げる一員に加わり、現在理事として活動している。安定的な会費収入や寄付がない限り NPO は恒常的赤字になる構造であり、ハウスの日常運営や NPO 法人としての事務が大変であるが、RSSC 修了生がなんと80人も会員になり、様々な支援に携わっている。
2－2　**NPO 学生支援シェアハウスの運営には苦労も。**
開設時のリフォーム資金を分割返済しながら，学生のための食材購入費、学生に寄り添うスタッフの人件費等を賄う必要があり運営面では様々な苦労が伴う。泊まり込みや調理はしていないが、事務運営や組織経営面では自身の前職（保険会社）での人脈や経験が活きていること、また多くの RSSC 修了生が会員や無償ボランティアとして活動してくれている。
2－3　**NPO での合意形成に時間を要す。**
今までサラリーマン時代の縦社会で育ったので、NPO の対等な関係での合意形成に時間が掛かることなどに戸惑いを感じている面もあるが、そのものを楽しみながら前向きに努力している。
2－4　**RSSC 修了後は柔軟に考えている。**
「RSSC で学んだからには社会貢献に必ず携わらねば」と一律に考えるできではないと思っている。修了後ひとり一人、歩む道を考え、進めばよい。自身については、他者から現況を聴かれれば、「相変わらず漂流しているだけ！」と答えるものの、実際には NPO 活動の他に千葉大学、シニア自然大学、シニア社会学会、放送大学にも参加しており、高い社会貢献意識と向学心が覗える。

3．考察
本ケースは「出会いが全て」というように RSSC の意義を出会いと人脈作りとしたサンプルである。本人は、大学卒業以来38年間、一貫して保険会社を勤め上げ、60歳の定年でリタイアしており、そのまま子会社での継続勤務をあえて拒否して RSSC に入学した。それは本人が何度も主張されるように「もう、義務に捕らわれながら過ごす日々は終わりにしたい」「新しい人間関係を築きたかった」というようにサラリーマン時代の価値観をリセットしたいという願望の裏返しであると思われる。また、「もう一度、学食で大盛のカレーライスを食べたかった。」「また、図書館で昼寝をしたかった。」という言葉に象徴されるように学生時代回帰とでもいうべき消費願望が見て取れた。
本人は RSSC の意義を「出会いと人脈からの発展が全て」と捉えており、事実、在学中から意識的に人脈作りに積極的で多くの友人を得ており、その知遇をえて、現在の NPO 学生シェアハウスの運営へと繋がっている。結果、満足度については、「コスパは月２・５万円で飲み代より安い。大満足」と語るように高い満足度が感じられた。修了後も、RSSC での人脈が主体として活きており、サラリーマン・リセット成功型とでもいえるケースである。

タ情報なら、メタ情報についての情報はメタメタ情報。情報生産の次元はそのつど上がっていきます。例えば、ケースレポートを概観してみて、そこに何があるか、だけでなく、そこに何がないかも検討の必要があります。言説生産には一定の傾向がある、なぜある言説は構造的に生産され、べつな言説は生産が抑制されるのか、という問いを立てたのはフーコーでした。たとえばある主題について肯定的な言説ばかりが登場したとしたら、それはなぜなのか？　論理的にはありうるが、現実には登場しなかった潜在的な言説は何で、それはなぜなのか？

ここまで問いを立てたら、今度は曼荼羅図の外にある文脈情報が解釈の装置になります。時代、世代、年齢、性別、学歴、職業等々その関係を考察します。そもそもインタビュー調査に応じてくれるインフォーマントは、扱う主題に関心が強く、調査者に対して肯定的なサンプルである傾向が強いですから、そもそもサンプルバイアスがかかっていたかも、という解釈も成り立ちます。ここから先が分析者の「考察」の始まりです。考察とは、メタ情報から生産されるメタメタ情報である、と言ってもよいでしょう。

考察とは推論 speculation でもあります。speculation は日本語で思弁とも訳しますが、憶測とも訳します。ここから先は解釈者の推論、すなわち憶測が入ってきます。限られた情報源から、どこまで言ってよいのか、が試されます。

情報の次元が上がれば上がるほど、一次情報から情報生産は離陸 take off していきます。その分态意性が入る可能性は高まりますが、その場合でもつねに、いつでも一次情報に立ち戻ることができる、のがこの分析法の強みです。メタメタ情報はいつでもメタ情報に遡及することができますし、メタ情報は一次情報に遡及することができます。ですから、何を根拠にそのように推論するのか、を示すことができるだけでなく、その推論が妥当かどうかも、つねに検証することができるのです。

11　ＫＪ法のその先へ

†マトリックス分析

このようなケースレポートを何事例も積み上げれば、それが研究の主要なコンテンツになります。ですが、分析はこれで終わりません。事例数が一つならモノグラフですが、モノグラフであってさえ、たとえば全国平均との比較のようなデータが事例記述のためには欠かせません。事例のユニークネスとは、かならず比較のもとに現れます。事例が複数なら比較は必須です。比較は、実験的手法の許されない社会科学にとっては、なくてはならない方法なのです。

ここから先はＫＪ法には書いていない、うえの式質的分析法の醍醐味をお伝えしましょう。結論を先取りすれば、ケース分析とコード分析とを併用して、データを事例の文脈に

code / case	コードA	コードB	コードC	コードD	コードE	コードF
ケース1	+	+	+	+	+	−
ケース2	+	+	+	+	+	−
ケース3	+	+	+	+	+	−
・	+	+	+	+	−	−
・	+	+	+	−	−	+
ケースn	+	+	+	−	+	−

※　＋はデータの有るものを示す

図表11－1　マトリックスのサンプル

おいてと比較の文脈においての両方で分析するという方法です。これをわたしは「データをしゃぶり尽くす」と呼んでいます。

図表11－1を見てください。縦軸はケース、横軸はコードから成るこの二次元平面をマトリックスと呼びます。コードとは調査項目のこと、＋は回答あり、－は回答無しを指します。

半構造化自由回答法では、すべてのサンプルに共通の質問を課します。AからCまでがその構造化された設問としましょう。したがってケース1からnのすべてに回答が得られます。この回答の内容は、プレコーディングしてあれば選択肢①②③……のようになりますが、自由回答法では質的情報分析を通じてアフターコーディングした結果、いくつかの類型が生まれます。

†マトリックス分析の実例

マトリックス分析の精緻な実例をお示しすることにしましょう。立命館大学大学院先端総合学術研究科で学位を取得した一宮茂子さんの例です［一宮2016］。彼女は生体肝移植という最先端の医療現場で看護師として二〇年近く働いてきました。そのなかで医者とは違う治療の成否の判定を、ドナー側によりそって追跡してきました。

医者にとっては治療の成否は患者こと臓器のレシピエントの生存か死亡かで判定されます。生存なら治療は成功、死亡なら失敗、判定はシンプルです。医者は患者にしか関心がなく、患者以上に長く生き続けるドナーのその後に関心を払いません。ですが、長期にわたる患者とその家族との接触のなかから、自分の生きた臓器を提供するという侵襲性の高い治療に応じたドナーの側に、さまざまな問題が残ることを、一宮さんは発見します。ドナー側から見れば、生体肝移植は違う見え方をしてきます。医者が成功と判定する生存群のなかにも、わだかまりをかかえたまま人生を送っているドナーがいるし、反対に医者が失敗と判定する死亡群のなかにも、自分の行為に納得して肯定的に意味づけしているドナーもいました。彼女が追跡した二〇例以上の症例のうち、調査倫理上の同意を得られなか

事例番号	性別	続柄	候補者の選定			ドナーの意思		関与者との関係性の変容											
			医学的理由	ジェンダー規範	家族規範	自発性	強制性	地元医師	移植師	移植コーディネーター	看護医	レシピエント	家族	親族	事業主	近隣地域住民	移植体験患者・家族	移植患者家族支援団体	知人
SP ①	男	長男	+	+	+		+	+							+				
SP ②	女	長女	+		+		+	+					+	+					
SP ③	男	父	+	+			+	+	+										
SP ④	女	母		+	+	+		+											
SP ⑤	女	妻	*	+	+	+				+			+	+					+
SP ⑥	女	母		+	+	+		+			+								
SP ⑦	男	父		+	+	+		+		+			+				+		
SP ⑧	男	弟		+	+	+						+	+		+				
SP ⑨	女	妻		+		+		+	+	+		+		+	+				+
SP ⑩	女	妻			+	+		+	+			+	+	+	+				+
SP ⑪	男	夫			+	+		+						+	+				
SP ⑫	女	母		+	+	+		+					+	+					
SP ⑬	女	母		+		+		+					+	+	+			+	
SP ⑭	男	夫	*	+		+		+				+	+		+				
DP ⑮	男	夫	*		+	+		+				+	+		+				
DN ⑯	女	義母		+	+		+					+	+						
DN ⑰	男	夫		+		+		+					+		+	+	+		
合計			3	13	12	13	4	14	3	3	1	6	11	7	9	1	2	1	3

図表11－2　ドナーの意思決定がもたらした効果と関係性の変容

った三例を除いた計一七例を、一宮さんは徹底的に帰納分析しました。それから得られた事例とコードのマトリックスは図表11－2のとおりです。一七例は二つの分析軸から四つの類型に分類してあります。レシピエントがS（Survivor生存群）かD（Dead死亡群）か、ドナーがP（Positive肯定的）かN（Negative否定的）か？　SP（生存群でドナーが肯定的）とDN（死亡群でドナーが否定的）という類型は仮説の範囲ですが、DP（死亡群でドナーが肯定的）という逸脱例が解釈の要になりました。他にSN（生存群でドナーが否定的）という興味深い逸脱例もありましたが、サンプルの同意を得ることができず、涙を呑んで事例からは削除してあります。

†マトリックス分析の利点

マトリックス分析には、重要な索出的 heuristic 効果があります。演繹法ばかりが索出的方法ではありません。

演繹法と違って帰納法では、そこにあるものについて知ることができますが、そこにないものについて知ることができません。ケース分析とコードを組み合わせると、特定の事例には登場するが他の事例には登場しないコード（マトリックス表で空欄になったところ）が出てきます。この解釈は次の三つです。第一はもとの一次情報が不完全なために（インタビューで質問漏れしたか、インフォーマントが語らなかったか）欠けているか、第二は「論理的にありえない」か、第三は「論理的にありうるが経験的に登場しない」か、です。第一の理由なら、あわてて追加調査をすればすみます。第二は理解可能ですが、第三が重要です。

フーコーはある言説空間のなかで、特定の言説は生産されるが、そうでない言説は「論理的にありうるが登場しない」可能性を示唆しました。その言説空間のゆがみや傾向を明らかにするのが、言説分析の目的のひとつです。言語化された一次情報の処理は、言説分析と同じですから、そのなかに何が構造的に登場し、何が構造的に登場しないか、をメタレベルから判断することが重要ですが、マトリックス分析ではそれが視覚的に容易になります。

ある女性会館での研修プログラムでのことでした。参加者は自治体公務員、非正規の職員、利用者市民の三種類でした。グループ・ディスカッションをする際に、異なった属性のひとびとを交えて混成グループを作ろうかといったんは思いましたが、待てよ、と考え直して、この三種類のひとびとでそれぞれ別なグループを作って討論結果を分析し、それを互いに比較してみようと思いつきました。その結果、驚くべき違いがわかりました。非正規職員の一次情報にはあった雇用条件の不満等に関するコードが自治体公務員の一次情報にはなく、また、利用者市民の一次情報に出てきた利用者サービスへの注文に関するコードも、自治体職員の一次情報には不在でした。三つのグループのマトリックスを統合してコードを比較してみると、どのグループに何があって何がないかが、一目瞭然。自治体職員には、非正規の職員の不満に対する想像力もなく、利用者に対するサービス意識も欠けていることが可視化される結果になりました。データがイヤも応もなく語る分析結果ですので、自治体職員グループも納得せざるをえませんでした。マトリックス分析にはこういう効果もあります。

†データをしゃぶりつくす

ケース分析とコード分析とを組み合わせると、同じデータを複数の文脈において分析することが可能になります。

まず最初に、ケース分析をします。その際もランダムに記述してはなりません。自分が立てたリサーチ・クエスチョンに沿って、何を説明したいのかをめぐって対象ケースを類型化し、たとえば肯定群と否定群、成功事例と失敗事例のように類型別に記述します。これがマトリックスの横軸に沿った分析です。

さらにコード別にコード分析を行います。コード分析の方法も基本はケース分析と同じです。一次情報を同じコードのもとに複数事例集積して、それを分析・総合する、それだけのことです。若干テマのかかる作業ですが、そうすることで、単独の事例では得られなかった、比較による発見が得られます。同じコードのもとで、複数の事例がいかに分散しているのか、その分散に影響する事例の属性や要因は何なのか、事例の集合のうちの分散（や傾向）は、他のサンプルから得られるデータ（全国平均や地域平均）と比べてどのように偏っているのか、その偏りはサンプルについて何を語るのか？　属性分析が可能になるように、一次情報のユニットにはわかりやすいサンプル・コードをつけておくのはそのためです。

基本はケース分析もコード分析も一次情報から離れないこと、それにもとづいて徹底的に帰納分析を行うということに尽きます。

†マトリックス分析のアウトプット

マトリックス分析はアウトプットを出すのも容易です。ここでは実例をあげて説明しましょう。

わたしが特任教授を務めていた立教大学セカンドステージカレッジ（Rikkyo Second Stage College　ＲＳＳＣと略称）では、受講生を対象にＫＪ法実習を実施し、その結果を報告書にまとめる、という課題をこなしました。ＲＳＳＣは、生涯学習意欲の高い社会人を対象にした社会人教養コースです。応募資格は五〇歳以上、選考もあります。もともと団塊世代の定年退職者や子育てが一段落した主婦をねらった講座で、他大学の類似の社会人向け講座に比べて、大学ならではの少人数のゼミ形式を取り入れた成功例です。単発のカルチャー講座や大学の市民向け公開講座に飽き足らない、入門コースから先へ進みたい、という向学心の強い社会人をひきつけていました。修了時には修了論文を提出して卒業、というハードルもあり、インプットだけではなく、アウトプットも求められます。わたしはそこで人数限定のゼミ方式で「情報生産者になる」という授業を受け持っていました。本書はもともと、そのゼミから生まれた副産物です。誰でも何歳でも、その気になってノウハウを学べば、あなたも情報生産者になれる、と。相手は半世紀以上生きて来たオトナたち。それぞれの生活体験から、言いたいことや訴えたいことをかかえていました。

二〇〇八年に開設した立教大学RSSCはちょうど一〇年目を迎えており、一〇期生が生まれていました。受講生は元大企業の定年退職者から、学校教員、税理士・公認会計士のような士業のプロ、地域活動やボランティアの経験豊かな女性陣まで、人材豊富でした。せっかく一期約一〇〇名一〇期でおよそ一〇〇〇名の修了生を送り出してきたのですから、この人材ストックを生かさない手はありません。修了したひとたちは、その後、どんな活躍をしているのか、修了生にとって、RSSC経験はどのように位置づけられているのか、知りたくなるのも当然でしょう。在籍生にとっても、間近に控えた修了後の人生設計にとって、先輩たちの経験は役に立つはずです。

それで一〇期までの修了生のあいだから、各期一名計一〇名を対象に、性別のバランスを考慮しながらスノウボール・サンプリングをしました。スノウボールとは雪だるまのこと。雪だるまをつくるときに次々と雪を巻き込んでいくように、サンプルからサンプルへ、口コミや紹介で対象者をふやしてゆく手法です。

そして、半構造化自由回答法による面接調査を実施しました。面接時間は一時間から一時間半、そのデータをKJカードにユニット化してもらいます。それを持ち寄って、さあ、分析の始まりです。

KJカードは一シート二〇枚のセットになっていますから、ミシン目を破ってばらす前に必ずコピーを二セットつくっておきます。したがって一次情報の集合は合計三セットあることになります。一セットはばらさずにそのまま保存します。時系列という語りの文脈をこわさずに残しておくためです。あとで戻ろうと思った時に、文脈に埋め込まれた情報だと取り出しやすくなります。残りの二セットのうち、一セットはケース分析用、もう一セットはコード分析用です。どちらにも一次情報にはサンプル・コードを隅に記入しておきます。たとえば「1M60」（一期生男性六〇代の意味です）のように。性別と年齢はもっとも基本的な属性データ。それに調査設計に関わる類型記号（ここでは何期生か）を入れておきます。

あとはこれまでのKJ分析と同じですが、マトリックス分析は後半が違います。まずケース分析をやります。これはデータをとってきた本人でもそうでない人でもできます。KJ法のおもしろいところは、他人のとってきた一次情報でも分析できるところです。データをとってきた本人でない担当者が分析に当たると、一次情報のユニット化の欠陥や面接調査の限界がよくわかります。なぜなら文脈に埋め込まれた情報は、記録者にとっては、わかりきったことに思えても、脱文脈化してみて初めて、情報の独立性が問われるからです。

ここまでは誰にでもできます。

次にコード分析に入ります。半構造化自由回答法による面接では、大きくコードを分けて、進学前、在籍中、修了後の三つについて尋ねました。時系列というもっとも単純なコード化でしたから、一次情報をこの三つに分類するのはかんたんです。サンプル一〇人の一次情報およそ一〇〇〇件強を三つに下位分類し、さらにかんじんの調査項目は「修了後」でしたから、もっともユニット数の多い「修了後」の一次情報を、アフターコーディングで得られたふたつの上位カテゴリー、「活動」と「人脈」とに下位分類しました。これで各コードごとに一次情報数は二〇〇前後に抑えられました。これで「手に負える」分量になります。数を減らしたければ、さらに下位分類していけばすみます。

このコード別の一次情報を同じようにKJ法で分析します。このコード分析で浮かび上がってきたアフターコードが以下のようなものです。「進学動機」のなかでは、「人生リセット」「学び」「出会い」が三大動機、「在籍中の大学評価」では「他人にも勧めたいRSC」。「修了後」については活動が「もっと学びを」、人脈については「人脈は財産」という発見がありました。これらのワーディングは、KJ法分析の過程で生まれたメタ情報そのままです。コード分析には、データの属性別の分散にも注意します。ここでサンプル・コードが生きてきます。ある特定のコードに、年齢・性別の偏りがないか、男性票ばかりが集まっていて、女性票がミッシングなコードはないか、年齢や期の影響はないか、と見ていきます。この調査ではサンプル数が少なすぎることもあって、期別・年齢別・性別の傾向はあまり出ませんでした。

ケース分析編にはケース毎にケースを一言で言いあらわすようなキャッチコピーをつけてもらいました。いわば、面接調査でとってきた一次情報の、メタメタ情報というべきものです。そこから出てきたのが、「サラリーマン・リセット成功：五期男性（六〇代）」や「仕事人間を社会貢献に目覚めさせた：八期女性（五〇代）」「ゼミ友は一生の財産：九期男性（六〇代）」などです。これらの印象的なフレーズが一〇個並ぶと、おのずからRSSC修了生のプロフィールが浮かび上がってきます。ですが、ここまでやって半分です。

コード分析編には、アフターコーディングで得られたメタ情報が、そのまま目次になっています。進学前には「「人生リセット」「学び」「出会い」が三大動機」、在籍中には「他人にも勧めたいRSSC」と高評価、事実、先に進学した男性が妻にも勧めて妻も進学したケースがありました。修了後には「もっと学びを」と「人脈は財産」のふたつの成果が。もともと向学心の強い進学動機の持ち主だった受講生は、在籍中に研究のおもしろさにめざめてモチベーションをかき立てられ、立教のみならず他大学の大学院や社会人向けコースへさらに進学するケースが幾例もありました。そして、課内および課外活動、とりわけ通年にわたる継続的なゼミ活動を通じて培った人脈が、その後も大きな影響を与えていることが判明しました。

わたしが「データをしゃぶり尽くす」というのは、ひとつの一次情報を、ケース分析とコード分析、縦軸と横軸のふたつの次元で二度にわたって使いたおすからです。

†結論セッション

ここでさらにだめ押しです。ケース分析、コード分析が終わった後に、さらに両者を俯瞰して、メタメタセッションを実施します。これが結論になります。いやなに、かんたんです。報告会を一回開いて、分析担当者から分析結果の報告を聞きながら、気がついたことをてんでにコメントするだけです。大事なのは、ここでも発言を細大漏らさず逐一情報カード化することです。このコメントで得られた一次情報、当初の面接調査から得られた一次情報から見れば情報加工の次元が上がったメタメタ情報を、さらにKJ分析します。得られる情報ユニットはせいぜい五〇前後、分析はかんたんです。そして出てきた結論がこれです、「人脈が人生を変えた!」。これが情報生産の過程で生まれた、メタメタメタ情報です。

メタメタセッションこと結論セッションで大事なことは、一次情報を大きな文脈において「俯瞰」ないし「鳥瞰」すること。そこに何があるかだけでなく、何がないかにも配慮します。何がないか、が最後の「課題と展望」になります。

結論は「RSSCが人生を変えた！」というもの。そんなうまい話があるものだろうか、と疑り深いわたしは思いましたが、データはあきらかに肯定的なものばかり。結論セッションで出てきた本研究の「限界」は、スノウボール・サンプリングで得られた調査対象のサンプルが、いずれの期においてもリーダー層ばかりだったこと。スノウボール・サンプリングとは口コミですから、おのずとめだつ人、そして快くインタビューを引き受けてくれる人に偏る傾向があります。だとしたら、もともと活動的だったひとたちがRSSCに進学して、在籍中も、修了後も、あいかわらず活動的である、というだけのことかもしれません。こういうポテンシャルの高い人材は、RSSCでなくても、他の社会教育の場へ行っても同じ成果を挙げることでしょう。この解釈が正しければ、次なる「課題」は、各期のリーダー層ではなく「フォロワー層」を戦略的にサンプリングしたり、場合によっては中途退学組を選んで対照サンプルにするということも必要になるかもしれません。

実をいうと、わたしは大学が社会人に提供する生涯教育コースに深い疑念を持ってきました。大学の授業がどんなに退屈でも学生がガマンするのは、「大卒」という資格をもらえるからこそ。ところが社会人の生涯教育では、何の資格も得られないばかりか、もし得られたとしても人生の後半戦にはいって、それを生かす機会はほとんど期待できません。こういう学びは、学びのための学び、手段としてではなく、それ自体が喜びであるような、目的としての学びです。わたしは『サヨナラ、学校化社会』［上野2002／2008］のなかで、前者を「生産財としての教育」、後者を「消費財としての教育」として区別しました。このふたつのなかでは、後者のほうが、教育カリキュラムの質に対する要求水準が高いはずです。ましてや社会人は人生経験も長く、時間と費用のコストをかけて大学に来ています。かれらのシビアな要求水準に応えるだけのクォリティを、今の大学が提供できているだろうか？　と思うにつけ、内心忸怩たる思いがわたしにはありました。

ところが上野ゼミ受講生諸君が採ってきたデータは、すこぶる肯定的なものでした。RSSC経験を通じて、修了後の活動においてはさらなる学びの意欲をかきたてられ、人脈については「一生ものの財産」を得た、と。大学という教育機関にとって、提供するサービス商品はあくまで教育。人脈はおまけ（フリンジ・ベネフィットと呼びます）です。しばしば多くの人が「学生時代何を学んだか覚えてないけれど、一生の友を得た」とか言うのを聞くと、大学はお友だちづくりの場なのか、教育に付加価値はないのか、と思ったものでしたが、どうやらRSSCにおいては学びやボランティアという「活動」と、それを支える「人脈」とはクルマの両輪であることが浮かび上がってきました。その両者を培ったのが、ゼミ活動です。

CSR（Consumer Satisfaction Research 利用者満足度調査）からみたRSSCは、全国的に見ても成功例と言えますが、その「満足」を支えているのが、ゼミ活動や課外活動など、少人数で継続性のある、対面的なカリキュラムでした。わたしは確信を持って言いますが、大学の最大のメリットは少人数のゼミ方式。もともと教育とはシュンポシオン（饗宴）を意味する対話のなかから生まれたものです。ギリシャ語のシュンポシオンからシンポジウムという語が派生しました。高校までの教育には存在しないこの双方向の対面的なカリキュラムを味わいたいと、高卒の社会人が進学してくることもあります。そのなかで培われる師弟関係とピア(1)集団のもとで、お互いの成長を見守る関係が生まれます。そしてRSSCで実感したのは、人間、いくつになっても成長できるもんだなあ、という感慨でした。

「それがわかっているのなら、どうして他大学は追随しないんでしょうね？」と尋ねたときのこと。RSSCの制度設計の仕掛け人のひとりであった、元立教大学教授、庄司洋子さんのお答えが秀逸でした。

「まねしようったってできないのよ。テマがかかりすぎるから」。

†報告書を出す

これだけのデータ分析を文章化してできたのが、『RSSC修了〝生〟のホンネ』というA5版全五〇ページの報告書です。その目次を図表11－3に示しました。マトリックス分析で得られたケース分析とコード分析を「はじめに」と「結論」でサンドイッチしただけ。ね、かんたんでしょう？

ただし付け加えておかなければならないのは、ここで示した目次はあくまで調査報告書の目次であって、研究論文の目次ではありません。後者については次章で説明します。質的調査であれ量的調査であれ、調査はしょせんデータ収集の方法にすぎません。研究とは、立てた問いにふさわしい対象と方法を選び、データ収集をした後に、問いに答える過程を言います。この調査報告書は、研究のためのたんなる素材。研究とは、この素材をここからどういう方法論を用いて料理するかにかかっています。学部生のレポートのなかには、質的調査や量的調査の調査報告書をそのまま研究論文として提出してくる者もいますが、これはたんなる調査レポートにすぎない、研究とは言えない、とわたしは言って却下します。さあデータを集めて分析した、そこからキミはいったい何が言いたい？　研究とはこ

目次
1　調査概要
2　ケース分析
2.1　活動も学びも意欲的：1期男性（60代）
2.2　ボランティア一筋：2期女性（70代）
2.3　シークレットな仲間が財産：3期女性（60代）
2.4　学びも遊びもビジネスも！：4期男性（60代）
2.5　サラリーマン・リセット成功：5期男性（60代）
2.6　生涯現役！RSSCをコンサルする：7期男性（60代）
2.7　人脈が支えた病弱おひとりさま：7期女性（60代）
2.8　仕事人間を社会貢献に目覚めさせた：8期女性（50代）
2.9　ゼミ友は一生の財産：9期男性（60代）
2.10　才・芸・富フル装備のマルチ女性：9期女性（50代）
3　コード分析
3.1　「人生リセット」「学び」「出会い」が三大動機：進学前
3.2　他人にも勧めたいRSSC：在学中の評価
3.3　もっと学びを：修了後の活動
3.4　人脈は財産：修了後のつながり
4　結論：人脈が人生を変えた！
5　課題と展望
あとがき&謝辞

図表11－3　ケース分析、コード分析、マトリックス分析を目次する

こから先が勝負です。

とはいえ、この調査レポート『RSSC修了〝生〟のホンネ』があまりにおもしろい内容でしたので、学内限定でゲストを招いて報告会を実施しました【図表11-4】。

以上のレポート制作にかかった時間はKJ法実習に一日半。もちろんその前にデータ・コレクションをすませておくとか、分析結果を文章化するとかいう役割分担に応じた課題はありますが、ほぼ二日間のワークショップで五〇頁の報告書一丁できあがり！　です。

もともと分析のノウハウを学んでもらうための実習課題でしたから、インタビューもしろうとで穴だらけ、ユニット情報化もいいかげんで使い物にならないカードがぞくぞく、サンプリングも口コミ依存で偏っているとか問題だらけの調査でしたが、それでもたしかに得られた一〇サンプルのデータから、有無を言わさぬやり方で、ここまでは確実に言える、という結果を出すことができるのが、うえの式質的分析法の強みです。そしてインプットが少なくても、アウトプットが確実に出せるという意味でも、うえの式質的分析法はコスパがとてもよいと言えます。

データに語らせる

研究者はしばしば「データに語らせる」という言い方をします。が、そのデータの使い方が恣意的かどうかについての保証はほとんどありません。結果的に「データが語る」のではなく、自分の言いたいことを「データに代弁させる」ような結果になりかねません。

図表 11－4　『RSSC 修了 "生" のホンネ』の表紙

うえの式質的分析法は、データをそれが置かれた構造的文脈のもとで読み解くことを通じて、解釈者の恣意性を排する確実で実践的な方法なのです。

注

（1）ピアは仲間、転じて同僚研究者のこと。学界では論文の査読は研究者コミュニティに属する他の成員による「ピア・レビュー」によって行われる。

V

アウトプットする

12　目次を書く

†言語の優位

データ・コレクションと分析は終わりました。

さあこれからがアウトプットです。研究者はどんな物知りでも、アタマのなかにすばらしいアイディアをたくわえていても、それを人に伝達しなければ存在しないも同然です。理科系の研究者なら特許や新薬などの製品、芸術系なら映像やパフォーマンスなどの作品がアウトプットになるでしょうが、人文・社会科学の研究者のアウトプットは、基本、言語情報から成り立っています。あらゆるコミュニケーション手段のなかで言語の優位は当面ゆるぎそうもありませんから、言語能力を高めることはとても大事です。

アーチストの森村泰昌(1)さんによれば、欧米のアート市場では、作品だけでなく、その作品でいったい何をしたことになるのかという言語的なプレゼン能力が求められるんだそうです［森村1998］。もともと言語で表現できないからこそ、非言語的な表現に向かったのがアーチストであるはずなのに、アーチスト自身に批評家のような解説や解釈能力が求められるのです。それをためらっていると売り込みにも成功しないのだとか。あたりまえのことですが、ひとが実際にやったことと、自分がやったと自己申告することのあいだにはギャップがあります。ですが、オーディエンスとは、それほど言語に騙されやすい存在だと言ってよいかもしれません。

†設計図を書く

あなたの前には言語情報から成り立ったデータの集積があります。それをひとつひとつ情報のブロックだと考えましょう。これからつくるのは、堅固な構築物です。そのためにはまず建物をつくるときと同じように、設計図を書かなければなりません。その設計図のどこにどのブロックを積み上げるか、あるいはジグソーパズルのピースをひとつひとつ適所にはめこんでいって、全体にどんな図柄を描くのかを構想する必要があります。

そのために必要なのが、目次を書くということです。

あなたはこれまで、どの程度の長さの文章を書いてきたでしょうか。大学のレポート試験の出題はせいぜい二〇〇〇字から四〇〇〇字（四〇〇字詰め原稿用紙換算で五〜一〇枚、以下同じ）程度。ですが一万二〇〇〇字（同三〇枚）を超える文章（これがだいたい学術論文の標準の長さです）を書こうと思えば、設計図なしに書くことはできません。

東京大学の社会学科では、卒業論文に八万字（同二〇〇枚）、修士論文に一六万字（同四〇〇枚）、学位論文に二四万字（同六〇〇枚）が標準として要求されます。長ければよいというものでもありませんが、量が質を規定すると考えられたからです。八万字といえば、そのまま新書になる分量、東大の学部生は学部進学後二年間でほぼ新書一冊にあたる卒業論文を書いて卒業していきます。他大学では修士論文にあたる質量の卒論を書く学部生もざらでした。そのくらい締め上げたのです。

修士論文はほぼ単行本にあたる分量、学位論文は厚めの単行本になる分量です。修論がそのまま単著になった学生もいます。もちろんそれ以上書くひともいます。いまでも伝説の修士論文は、見田宗介《みたむねすけ》さんの四〇万字（一〇〇〇枚）超という記録です。ですがそんなに長い論文をガマンして読んでくれるのは指導教員ぐらいしかいません。それだって仕事だから読むのです。修士論文や博士論文ぐらいのボリュームになると、各章がひとつの論文ぐらいの質量があります。そうなればますます収集した情報のブロックひとつひとつを、どこにどう積み重ねていくか、設計図なしで建物は建たない、と観念すべきでしょう。

ひとの時間資源は限られています。ですから学術誌の標準の投稿規定は一万二〇〇〇字から一万六〇〇〇字（同三〇～四〇枚）のあいだ。学会の口頭報告なら一五分から二〇分程度まで。これが理系なら学会報告の持ち時間は三分から五分程度。それだけの分量で自分が何を発見したかを他人に伝達しなければなりません。

アメリカの投資家に自分のアイディアを売り込みに行ったひとがいます。当たって砕けろのアポなし飛び込みで「わたしのアイディアを聞いてください」とねじこんだところ、「キミに三分の時間を上げる。その三分でキミのアイディアを話しなさい」と言われたそうです。そのためには前置きなしで核心に入る話し方をしなければなりません。つね日頃から、訓練しておかなければ急に対応できるものではありません。

つまりプレゼンとは思考の過程よりは思考の結果を示すことです。ときどき著名な評論家のなかにも、いかにしてその結論にたどりついたかを、きっかけから始めて紆余曲折を経た経過を長々と論じる論文があります。読者は忍耐強い生きものではありません。あなたがいかにその結論にたどりついたかにではなく、ただひたすらどんな結論にたどりついたかを知りたいだけです。

　作家のなかには結末を考えずに書くというひともいるようですが、そしてそのほうがうまくいくと豪語するひともいたりしますが、研究論文を書くときには、けっしてそうしてはなりません。研究のアウトプットとは、根拠にもとづいて発見を示すことですから、基本は結論先取、AはBである、なぜならば……という書き方をします。小説やミステリーなら最後にサプライズやどんでん返しがあるかもしれませんが、論文にあってはなりません。最後の最後まで、AはBである、なぜならばこうだから、こうとしか解釈できないから、こういう根拠があるから……と、これでもか、これでもか、と反論の余地なく論理と実証を積み上げていきます。論文のコミュニケーション技術とは説得の技術であって、共感の技術ではありません。もちろんその過程で、最初に立てた仮説が裏切られたり、仮説を超える発見が得られたりすることもあります。そしてそれこそが研究の醍醐味だとも言えます。そういう論文はスリリングではありますが、けっしてミステリアスではないのです。

†目次の構成の仕方

目次の構成の仕方は、実はとてもかんたんです。

図表12－1のように、研究計画書の各項目をそのままなぞればいいだけです。一から五章までが「研究計画書」のリサーチ・クエスチョンの設定にあたります。八章も研究計画書の段階で予測しておくとよいでしょう。でなければ、研究者コミュニティのなかでの、自分の研究の位置づけがわかっていないことになります。

一から五章まではデータ・コレクションや分析を始める前に書くことができます。これまでの研究にはこういう限界がある、わたしの知りたいこんなことが解かれていない、だからこういう対象を設定してこんな方法で研究をする……研究計画書とは、いわばアドバルーンを揚げるようなものですが、院生などのレベルの学会発表を聞くとこういう研究計画書段階の発表を延々と聞かされてうんざりすることがあります。で、それで何なんだ？いったい何を発見したのか、その根拠は何かという着地点なしに、アドバルーンをいくら揚げてもムダです。

六から七章が本論にあたる部分です。ここは分量が増えれば、どんどん章の数を増やしていってかまいません。本論のコンテンツこそ、前回であげたデータ分析の結果です。データ分析の結果得られた主要なカテゴリーが五つあったとしたら五章構成に、一〇あったタイトル：
目次：
1　問題設定
2　対象
3　方法
4　先行研究の批判的検討
5　理論的枠組の設定
6　分析および考察（本論）
6.1
6.2
6.3
6.n
7　結論
8　本研究の意義と限界（課題と展望）
注
参考文献（挙示方式に従う）／資料編（あれば）

1）タイトルで勝負！
2）問題設定が決まれば半ばまで成功は約束される。
3）2＆3と4＆5は入れ替え可能。（先行研究の批判的検討のうえでこれこれの理論的枠組に依拠し、それにもとづいて以下の対象と方法を採用する）
4）方法とは対象にアプローチする方法、データ・コレクションの方法を含む（なぜ定量調査なのか。なぜフィールドワークなのか）。
5）必要があれば2のあとに対象の成り立ちや背景（文脈）についての解説にあたる章を加えてもよい。
6）6の本論は発見の内容に応じて節をつくる。
8）文章はあくまで結論先取型で。命題を述べてそれを論証する。（エッセイ型やモノローグ型、ドラマ型などの裏技、高等テクはベーシックスがこなせるようになってから、にしましょうね→チャレンジしてもいいけど要求水準は高くなるから覚悟せえよ）。
9）注および文献挙示のしかたは学術論文の慣行にしたがう。

図表12－1　目次の構成のしかた

ら一〇章構成にして分析結果を配置していけばよいのです。目次の要《かなめ》は本論という名のコンテンツを、研究計画書に設定した入り口と出口でサンドイッチする、というものです。

†注意事項

いくつか注意事項を挙げておきましょう。

（1）タイトルで勝負！

タイトルは大事です。タイトルを見ただけで何が書かれているか、読み手に想像できなければなりません。よくある学術論文のタイトルですが「訪問看護をめぐる課題と展望」などは最低。これを「訪問看護師はなぜ増えないか？」とすればずばり、問いが伝わります。主題一行で表現できればそれで十分。副題をつけるのは主題だけで説明できないからこそ。なくてもすめばそのほうがよいに決まっています。タイトルは最後の最後までいじりたおして変えてもかまいません。研究の進展にともなって、本当は何が知りたかったのか、何が明らかになったのかが鮮明になってくることもあります。ただし、わかりやすいことが一番大事です。深遠そうに見えるタイトルでひとを煙《けむ》に巻くのは感心しません。

（2）問題設定が決まれば、半ばまで成功は約束される。

リサーチ・クエスチョンの立て方は論文の成否を左右します。誰も立てたことのないあざやかな問いなら、それだけで研究のオリジナリティは担保されます。「目のつけどころがいい」とか「切り口がよい」というのはこういうことを言います。ですが成功は半ばまでで、全部が約束されるわけではありません。やはり論証が大事です。

上野ゼミの学生で福島県の名門女子校出身者がいました。その出身校が開学以来初めて共学化されるというので、共学前・共学後に女子生徒にどんな変化が起きたかという問いを立てました。一世紀に一度あるかないかの歴史的変化、希有なチャンスに立ち会っているのだから、ぜひおやんなさい、と励ましました。彼女はそのデータを教師や生徒を対象にした、あてにならない主観的なインタビュー調査に依存するという方法を採用しませんでした。代わって彼女が採用したのは、あっけにとられるほどシンプルで、目のさめるほどあざやかな方法でした。外から見て誰でも観察可能でかつ実証可能な服装の変化に注目したのです。というのも女子校時代、冬の寒い福島では女子生徒は登校時にはいてきた制服のスカートを、学内ではジャージのズボンに着替えて過ごすという生活習慣があったからです。タイトルは「県立別学高校の一斉共学化が女子生徒に与えた影響――生徒たちの外見に着目して」(2)［白井2006］。これだとリサーチ・クエスチョンが直ちにわかります。分析結果は、共学化後の女子生徒は、学内学外を問わず一日中スカートの制服で過ごす者が大半になったとか。スカートとは誰でもそれをはけば一見女に見えるという最強の「女装」です。衣服のジェンダー越境は、女性の男装（ズボン着用）以上に、男性の女装（スカート着用）のハードルが高いことが知られています。誰でもスカートをはきさえすれば「女に見える」ことは、スカートが男性女装者の必須アイテムになっていることからもわかります。彼女が理論枠組みとして採用したのは、構築主義のジェンダー理論。それによれば女／男とは、女／男のようにふるまう者のこと。ですから女も男も「女装」しているあいだは「女として」ふるまっていることになります。この研究から得られた発見は、共学化以後に女子生徒の「女装度」が高まった、すなわち女子生徒にジェンダー化の影響が強くなったというものでした。

そしてこの発見は、他の方法から得られた共学化の先行研究の結果とみごとに一致していました。裏返せば娘を女らしく育てたいという動機で女子校に入れる親の意図に反して、女子校は共学校より女子生徒をジェンダー化しない、すなわち女らしさが育たない、ということになります。同じことが、ジェンダー差の大きい社会から女子を守るには女子校がよいシェルターになっている、男子の目がないから女子のリーダーシップも育つ、だから女子校には存在意義があるという主張の根拠になっています。このブリリアントな卒論を書いた女子学生、白井裕子さんは、卒業後、全国紙の記者になって活躍しています。

（3）二&三章と四&五章は入れ替え可能です。すなわち、先行研究の検討から以下のような理論的枠組みを採用するに至った、そしてその理論的な枠組みにしたがって、対象と方法を以下のように設定する、という論述の仕方です。

（4）二&三章を「対象と方法」として統合することもできます。ここで言う方法とは、対象にアプローチする方法、すなわちデータ・コレクションの方法を指します。参与観察なのか、質問票調査なのか、インタビュー調査なのか。そしてなぜその方法を採用するのか。リサーチ・クエスチョンに対して、対象と方法の組み合わせは適切なのかを論じる部分です。

（5）必要があれば二章のあともう一、二章増やして「問いの背景」とか「主題の説明」「前史」とかを、対象になじみのない読者向けに加えてもかまいません。「介護保険法以後の在宅介護の現状と課題」なら、「介護保険」とは何かの説明がいりますし、それ以前の在宅介護がどんなものだったのかの「前史」の記述が必要です。それに「在宅介護」というキーワードについても概念の定義が必要です。最近のように住宅型高齢者施設が増えてくると、サービス付き高齢者住宅も「在宅」だという考え方が出てきました。それなら自分が知りたい問いに合わせて、「在宅」にサ高住を含めるかどうか、定義しなければなりません。

（6）六章の本論は、分量が多ければどんどん分解します。ここがいちばん大事なコンテンツですからどれだけ増えてもかまいません。分析カテゴリーを上位、中位、下位に分割して、それぞれ章、節、項にあてます。

†目次のカスタマイズ

さて、目次は自分の研究のコンテンツにしたがってカスタマイズしなければなりません。図表12－1のように、研究計画書にある表題をそのまま転記するなど言語道断です。カスタマイズとは何か、そのよい例がありますから、図表12－2に示しました。第5章でとりあげたてるくんの研究計画書が目次になったものです。

研究計画書にあった「赤ちょうちん」は、その後の検討を経て、学校でも家庭でもない「子どものためのサードプレイス」へと変わりました。日本人になじみのない「サードプレイス」という概念より、「赤ちょうちん」のほうが説明抜きで通じるかもしれません。

子どものための「サード・プレイス」の可能性
～「放課後子ども教室」の現場から考える～

はじめに　子どもはどのような「放課後」を過ごしているのか？
（問いの設定）
1．子どもには「逃げ道」が必要だ！
2．学校と家庭のどちらにも居場所がなかった経験者として

第1章　「24時間戦えますか？」休むことを許されない子どもたち
（問いの背景）
1．過密スケジュールに追われる毎日なんて
2．休みのようで休めない休日
3．子どもの「ワークライフバランス」をもとめて

第2章　「放課後」はどう論じられてきたか（先行研究の批判的検討）
1．遊び空間の学校化～貴戸理恵の「放課後論」による～
2．「生活の場」か「遊びの場」かをめぐる論争

第3章　「子どもの放課後」というフィールドに身を置くということ
（対象と方法）
1．子どもの「主観的」な居場所を明らかにする
2．現場での「経験知」と研究による「専門知」の往復をめざす
3．フィールドノートから得られたものを図解化する

第4章　「大人たち」にプログラミングされた世界の中で
（現状分析）
1．2分の1成人式って何やねん！
2．「見世物小屋」化する学校
3．大人たちの「やりがい」を引き受ける子どもたち
4．子どもがおもちゃ屋であれもこれも欲しくなるのはなぜか
5．ポケモン対戦で「ダークライ」に負けてしまう理由
6．同調圧力こそが「はみ出し者」をつくる

第5章　「逃げ道」としての放課後子ども教室
（受け手の事例分析1）
1．いま「公園でボコボコにされているやつ」を誰が救うのか？
2．「不登校」ではもう手遅れ

図表12－2　てるくんの目次

3．「何もめざさない時間と場所」を大切にする
4．子ども「おひとりさま」の居場所をつくる

第6章 「多様な関係」の中で生きるということ
（受け手の事例分析2）
1．「ナナメの関係」だからこそ実現した「奇跡のマッチング」
2．いつもとは違う自分に出会える場所
3．「遊び」から自分の表現は生まれてくる
4．最高に楽しい瞬間は放課後に訪れる
5．変わらない場所があるから小1、中1の壁を乗り越えられる

第7章 ファンタジーとしての居場所
（受け手の事例分析3）
1．ニンテンドー3DS、スマートフォンは使用禁止？
2．ポケモンの世界で出会って現実で仲良くなる
3．妄想の世界であいつへの「仕返し」を企てる
4．勉強もスポーツも出来ず大してイケメンでもない奴はどう生きればいいのか

第8章 子どものケアを誰が担うのか？
（送り手の事例分析）
1．ケアをひとりで抱え込まない社会へ
2．社会から撤退した「オス負け犬」の活用法
3．当事者の経験を踏まえた新たなプロフェッショナルの可能性
4．ケアをロボットが担えるか

第9章 「放課後子ども教室」の可能性
（発見と分析）
1．逃げたはいいが「オチ」がない
2．「落としどころ」のあるリアリティを構築する
3．制度としての「放課後子ども教室」

おわりに（結論・意義と限界）
1．「当事者研究その後」の敗北感
2．「放課後」は僕にとっての居場所でもある
3．子どもを超えて応用可能なモデルへ

最終的に書物にするなら、その時点まで迷えばよいのです。

各章の章題はその章のコンテンツを凝縮した情報、（　）内はそれぞれ研究計画書に示された対応する項目を指します。最終的には（　）内を落としてもかまいません。こうやって目次を見ると、それだけでこの論文の内容が予想できます。というか、章題をつなげば、そのままそれが論文の要約になっている目次がのぞましく、この目次はそうなっています。この目次は節まで記載がありますので、一部をご紹介しましょう。

第五章　「逃げ道」としての放課後子ども教室　（受け手の事例分析一）
5・1　いま「公園でボコボコにされているやつ」を誰が救うのか？
5・2　「不登校」ではもう手遅れ
5・3　「何もめざさない時間と場所」を大切にする
5・4　子ども「おひとりさま」の居場所をつくる

目次はこうでなくっちゃいけません。これだけ読めば、五章の内容はほぼ想像がつきます。子ども「おひとりさま」というネーミングにもセンスがあります。何も仲間といるだけがよいわけではない、集団からはずれて「おひとりさま」でもそれなりの居場所があればいいんだ、という著者の考えが生きています。いったい何が書かれているんだろうと興味を惹かれ、読んでみると結論と根拠が示されて説得される……論文とはそういうものです。

本論の最後に持ってくる「結論」は大事です。で、何が言いたいの？　前提はいいから結論だけ言ってくれない？　この研究でキミはいったい何を発見したことになるの？　等々の問いに答えられなくてはなりません。結論は論文を書く前にではなく、書いたあとに到達するものですが、書く前にどこに着地するか予想しておかなければなりません。研究計画書がチャート（海図）だと言ったように、どこに上陸地点を見つけるかを決めずに出航しては、船は漂流を続けるばかりです。目次の段階で、結論はうすぼんやりと見えてきます。そして最後の最後に、この論文でわかったこととわからないこと、なしとげたこととなしとげられなかったこととを俯瞰します。そこに積み残された課題が見つかれば、それが論文を書き終えた後に、その次のステップの研究課題の芽となります。

目次を見れば論文のなかみがわかる、というより、目次を見れば書き手のアタマのなかがわかる、というものです。したがって目次が混乱しているということは、書き手のアタマの中が混乱しているのと同じです。設計図が混乱したままでは書き進めることはできません。そのくらい、目次は大事です。

読み手としてのわたしは、書物を手にとるとまず目次をじっと見ます。目次を見ればだいたいその本のレベルがわかります。職業的読者であるわたしは、表紙から奥付けまで一冊の本を頁の順番に読むことはめったにありません。目次から判断してピンポイントで必要な情報に到達します。それがおもしろければ前にさかのぼり、あとに続き、気がつけば表紙から裏表紙まで読み終わっていたということはまれです。そういう読書の快楽を味わわせてくれる本とは、めったに出会えません。

†目次は何度でも書き換える

上野ゼミでは、目次セッションに時間をかけます。わずか一頁の目次のハンドアウトでも、つっこみどころ満載、いくらでもコメントできます。データの山に埋もれていた研究者が、はじめて俯瞰的に自分の論文の設計図を示すのですから、そこに何があるかだけでなく、何がないかもおのずと見えてきます。研究計画書と同じく、ここでも却下されてリベンジ戦を要求される学生が出てきます。

目次の構成を決めてから、初めて論述の内容を割り振ります。各章ごとにどのくらいの分量の情報があるか、だいたいの目安を決めて何字と書き込んでおくのもよいでしょう。そうすれば章ごとの文章のきめの細かさも予想できますし、全体でどの程度の長さになるかもわかります。この目次構成は最後まで変化しつづけます。そのつど章、節、項、パラグラフ単位で情報は移動します。情報の単位は建築材のブロックのようなものだと言いました。それを適切な位置に配置しなければなりません。学位論文の審査などで、「〇〇について説明がありませんが」と質問すると、「〇頁にあります」という答えが返ってくることがあります。著者のアタマのなかには情報がすべて詰まっていて、それは論文のどこかに埋まっているのですが、適切な配置でないばかりに、必要な情報として読者にインプットされないのです。

目次は何度でも書き換える……それでいいのです。データはあります、分析もしました。アタマのなかにコンテンツは収まっています。ですが自分の知っていることのうち、何をどの順番でとりだしていくのか、どうすればムダなくかつ論理的に、有無を言わせないしかたで読者を説得できるのか、そのためには構造物を設計するような準備がまず必要なのです。このステップを飛ばしてやみくもに書きだしてはいけません。

次章で「論文の書き方」に進みましょう。

注

（1）泰西名画のなかに入って自画像を撮影し、アイデンティティとは何かにゆさぶりをかけたアーチスト。

（2）非常によくできた卒論だったので、日本女性学研究会刊の『女性学年報』に投稿をすすめたところ採用された。掲載時のタイトルは変更されている［白井2006］。

13　論文を書く

†論文のお作法

目次という名の設計図はできました。

さあて、いよいよ論文の書き方についてご説明しましょう。

日本の国語教育が論理的な文章を書く訓練に欠けていることはすでに指摘しました。社会科学の文章は説得のための文章です。共感や感動のための文章ではありません。「感じたことを感じたままに書く」のではなく、「考えたことを、根拠を示して、論理的に、他人に伝わるように書く」ことが必要です。以下に示すのは社会科学のための文章術であって、エッセイや小説の書き方ではありません。

社会科学のための文章は「論文」と呼ばれ、一定のお作法があります。それは学問という「知の共有財」をストックするためのルールです。そのために研究計画書や論文のフォーマットがあります。論文の書き方はかんたんです。研究計画書の流れのとおり、目次ができあがっていますから、それに従って順番に書いていけばよいだけです。かんたんとはいえ、一定の質と量が求められますから、それにはノウハウがあります。

論文の基本は問いと仮説、根拠と発見、そして結論がわかるような書き方をすることです。多くの論文には「要約」が求められますが、二〇〇～四〇〇字程度で、以上の情報がすべて盛り込まれなければなりません。その要約を論証するものが本文です。人の時間資源は限られていますから、要約や結論だけ読む読者がいることも想定しなければなりません。それだけでもメッセージが伝わり、その情報の価値を認めてもらえたら本文も読んでもらえる……ようになる、のがのぞましいと言えます。

†サンプル・チャプターを書く

出だしに凝る作家がいるように、研究論文でも「はじめに」の一行が大事と考えるひとたちもいます。冒頭で読者を引きこむ技術を「つかみ」と言います。ですが、論文は冒頭の一行めから書くとは限りません。

「つかみ」は大事ですが、つかみで印象的なエピソードを書いたからといって、それが読者の共感を呼ぶとは限りません。それより正攻法で問いを提示し、その問いの意義を読者に共有してもらうことによって、先まで読み進めてもらう、ことが肝腎です。

もちろん出だしの一行が論文の基調を決めることもあります。門外漢である歴史学の分野から「歴史学とフェミニズム」について書くようにというお題をいただいて、資料を集めて読み込んだものの、どんな構成にすればよいか決めかねていたことがあります。苦吟したあげく、ある日こんな一行が思い浮かびました。それからいっきに論文が書けました。「日本女性史とフェミニズムの出会いは、不幸なものであった……」[上野1995]。

上野ゼミでは、目次セッションの次のステップに、サンプル・チャプターを書くというステップが待っています。設計図がどんなにうまくできても、柱を立てたり壁を塗ったりする施工がうまくいくとは限りません。それに口頭報告ではどんなにすらすら着地点まで行ったように見える研究でも、いざ書き出してみると難渋することはままあります。くりかえしますが口頭でのプレゼン能力と論文を書く能力とは別のもの。一方が他方を保証するわけではありません。両方を身につけてバイリンガルになる必要があります。それにやってみるとわかりますが、口頭報告はごまかしが効きますが、文章にはごまかしが効きません。論理の飛躍や矛盾、データの欠陥や立ち位置のゆらぎなどが、すべて出てしまいます。

サンプル・チャプターを書く目的は、概念や用語等を選択し、文体の採用や論述の緻密さを調整して、それ以外の章をこの調子で書き進めればよいという基調を決めるためです。修士論文や学位論文など、指導教員がいる場合には、サンプル・チャプターを提出してゴー・サインをもらわなければ一歩も先に進めません。学位論文は長距離マラソンですから、大量の原稿を書き上げたあとに、コースをはずれているなどと指導教員からダメ出しされたら、リスクが大きすぎます。

次に論文の書き方の注意事項を順番にお話ししましょう。

†書ける章から書く

サンプル・チャプターはどの章から書いてもかまいません。書ける章、書きやすい章を選んで書けばいいのです。研究計画書にあたる一から五章の部分は何度でも反芻していますからいちばん手っ取り早く書けるのはたしかですが、反対にそれを書いたからといって本論のコンテンツに踏み込めるわけではありません。最初に本論の一部を書いてみて、あとから一章の問いの設定にもどるということも可能です。データと発見とを積み上げることによって、事後的にリサーチ・クエスチョンがより鮮明になったり、軌道修正を迫られることもあるからです。

†情報を蓄積する

実は、論文は目次を書く以前から、すでに書き出しているといってもかまいません。データ・コレクションや分析の過程で生まれたメモ、先行研究の文献を読みながらつくった引用のための抜き書き、統計や図表など、本文中に記述すべき内容を、研究の過程で蓄積していきます。

ここにもKJ法と同じように、京都学派の研究者たちがつくったノウハウとツールがあります。梅棹忠夫さん［梅棹1969］が発明したB6判横書きの京大式カードというものです【図表13-1】。京大式カードはその後発展を遂げて、書式、紙質、厚さなどさまざまなヴァージョンが生まれるようになりました【図表13-2、13-3】。

印刷業界ではB判の判型がすたれ、A判が主流となりましたが、B6判に対応するA6判を使ってみて、やはりこちらは定着しませんでした。ヒューマンサイズから言えば、A

５判はやや大きすぎ、Ａ６版だとやや小さすぎる感があります。

基本は情報のユニット化ですが、秘訣はユニットごとにサイズを規格化すること、そのことによって操作性を高めることです。そのためにＢ６判、しかも厚口の紙質は考え抜かれています。フォーマットには情報を取得した日付、情報源、見出しなどを記入するコラムがついています。

一次情報の処理の過程で、メタ情報、メタメタ情報が生産されます。ここからはこういう解釈が成り立つはずだとか、他の文脈情報から解釈すると、このデータにはこういう特

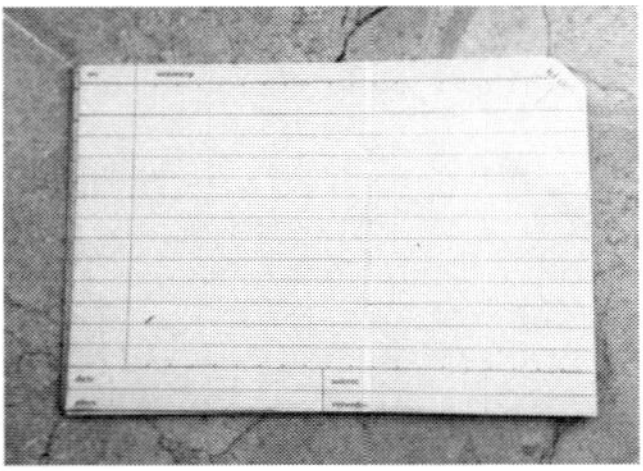

図表13－1　京大式カード（オリジナル）

図表13－2　京大式カードのいろいろ

図表13－3　全国大学生協連合会製B6レポート

徴があるといった発見です。そういうメモをどんどん京大式カードに書いていきます。ルールはKJカードと同じく、一カード一情報の原則です。

実際にやってみるとわかりますが、B6判横書きの用紙に手書きで書くメモの長さはおよそ二〇〇字程度になります。そしてこの二〇〇字という長さは、論文を書く際の一パラグラフの長さにほぼ相当します。論文では情報の次元が言説から物語へと上昇します。つまりA、B、Cという言説間に、順接や逆接などの論理関係が生まれます。それがパラグラフになります。

その文章のあいまに、必要な引用やデータ、統計資料などを適宜挟みこみます。そのために引用や統計などもすべて京大式カードに転記しておきます。コピー機ができてからはこの作業はかんたんになりました。必要な箇所をコピーしたり画像からプリントアウトしてこれもすべてストックしておきます。

目次はこの際、ストック情報を分類するためのインデクスの役割を果たします。この情報は、このデータは、この引用はどこで記述するか、書きためた情報をとりあえず各章のタグのついたボックスに放り込んで蓄積していきます。そのためのストックフォルダーも生まれました【図表13-4】。

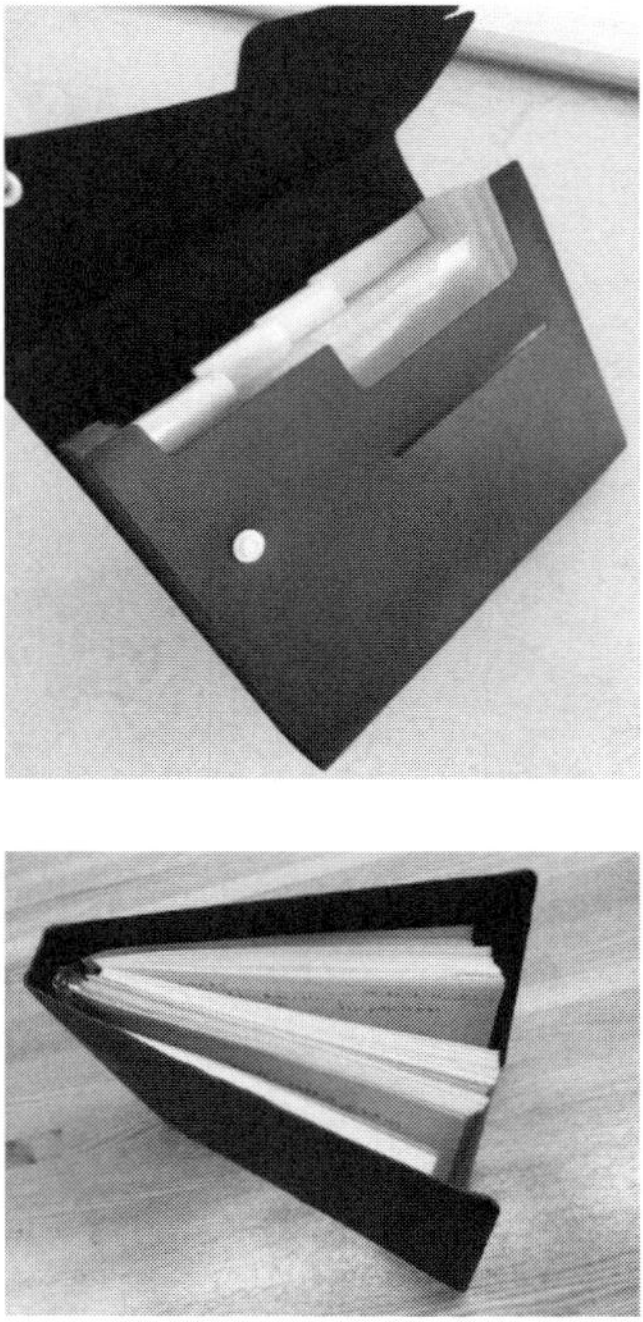

図表13－4　カードフォルダー

†情報を配列する

情報を時間という変数のうえに配列したものが論文です。実際に書き出すときには、これを時間の順序に並べて論述します。文章を書き始めると、パラグラフとパラグラフのあいだに抜けたところや不足した情報がみつかるものですから、それを補足していきます。

もうひとつ大事なのは、この情報のあいだに重要度に応じてウェイティングをつけることです。そうすれば冗長だから省いてもよい情報、あるいは本文に載せなくても注にまわせばよいものなどの腑分けができます。

長い論文や本を書くときには、わたしはこの方式を採用しました。また授業や講演の際にもこのカードはたいへん役に立ちました。テーマに応じて必要なカードを抜き取り、それを時系列に並べれば話が組み立てられたからです。しかもカードのよいところは、時間配分に従って、適宜情報を飛ばしたり、順番を入れ替えたりということが瞬時にできたことです。

この情報のユニット化という考えに慣れておくと、のちにコミュニケーション・テクノロジーが進化して、オーバーヘッドプロジェクターやパワーポイントというツールが登場したときも、カードをそのまま転記すればすみました。京大式カードやオーバーヘッドプロジェクターでのプレゼンは、いわば紙芝居のようなものです。のちにパワポ（パワーポイントの略語）が登場したとき、ロウテクのツールに比べて不便なもんやなあ、と感じたことがあります。時系列の順番を瞬時に入れ替えることができないからです。

最近ではこれらの作業を、すべてパソコンの画面上でできるようになりました。データをストックしておくのも容易です。ですが、わたしが京大式カードにこだわるのは、平面の二次元データに時間という変数が加わって三次元の情報処理になると、パソコンの二次元画面は人間の手作業による空間的な処理にかなわないからです。

†結論先取型で書く

論理的な文章はあくまで結論先取型で。AはBである、なぜならばCだから……と命題を述べてそれを論証するという書き方です。根拠が複数あればその際も、以下の三つの理由がある、第一に、第二に……と順序立てて論述します。データに複数の類型があれば、以下の対象は次の五つの類型に分類される、その理由は……と述べたあとで、「以下、各類型にしたがって順番に述べていく」と予告します。その際も類型の登場の順番になんらかの論理的な根拠を示さなければなりません。たとえばその類型の出現頻度や蓋然性の高さ、重要度、クロノロジカルな（時間軸上の）オーダーなどです。たんに自分が出会った順番などというのは論外です。読者にこれから何が論じられるのかという予期を与えて、それが必要な情報だと納得してもらわなければなりません。その説明がないと、冗長な情報を何のために読まされるのか、読者には理解できません。研究論文はエンタメではありませんから、読書の快楽のために読むわけではありません。価値のある情報を手に入れるために読むものです。だとしたら、いまあなたが読んでいるチャプターやパラグラフは、主題を理解し、結論を納得するために必要不可欠な情報なのだということが、読者に伝わらなければなりません。

英語論文のスピード・リーディングの仕方に、パラグラフの一行目ごとを読めば、論文の概略がわかる、というコツがありますが、それとて、そのように論理的に書かれた論文であれば、という条件つきです。文章とはリダンダントなものです。通常、命題は一行目に来て、二行目はほとんどが同じ命題のパラフレーズ（言い換え）、そしてそれ以降が根拠や条件、例外や留保などの細部に立ち入った記述が登場します。ですから日本語論文も同じようにパラグラフの一行目をつなげば論文全体の要約ができるほど、論理的に書かれていることがのぞましいといえます。

†裏ワザは使わない

文章術には、イントロのつかみのうまさや、著者の「私」が登場するノンフィクション型、共感に訴えるエッセイ型、最後まで謎解きをじらすミステリー型などの裏技、高等テクはありますが、初学者にはおすすめしません。草書は楷書が書けるようになってから。なんと言っても論文のベーシックスがこなせるようになってから、変奏曲にチャレンジしましょう。正規戦を戦えなくて、ゲリラ戦を戦うことはできません。初手から裏ワザを使いたがる学生がいますが、そういう時には、「チャレンジしてもいいけど要求水準は高くなるから覚悟せえよ（つまり評価基準は普通より厳しくなるよ）」と警告してきました。

†知っていることをすべて書かない

初学者の陥りやすい過ちは、知っていることをすべて書きたくなることです。先行研究の検討から知り得たことをあれもこれも書きたい気持ちはわかりますし、そうすれば論文は長くなって一見労作に見えますが、どれほど書いてもたくさん読んだね、ごくろうさん、という読書レポートにしかなりません。しかも学説史ではないのですから、先行研究の成果をすべてまとめるなどできるものではありません。なんのために先行研究を検討するかといえば、ひとえに自分の立てたリサーチ・クエスチョンにとって役に立つかどうかだけ。その基準がはっきりしていれば、何が必要な情報で何が必要でないかはおのずと腑分けできるものです。むやみにあれも知っている、これも知っていると書き連ねても、寄り道になるだけ。読まされるほうはたまったものではありません。

†自明だと思われる情報を省略しない

それとは反対に、もうひとつの初学者の陥りやすい過ちは、自分にとって自明のことがらを説明抜きに省略してしまうことです。よく知っていることは情報にもならないもの。自分にとってわかりきっていることと、読者にとってわかっていることとはちがいます。予備知識のない読者にもわかるように、説明してあるかどうかは大切です。そういうときには、できるだけその分野にしろうとの第三者に草稿を読んでもらいましょう。これってどういうこと？　なんて意味？　と言ってもらえれば、これでは伝わらないんだ、と思い知ります。業界人のあいだでわかったとうなずきあっていては、他人に伝わる文章は書けません。いざ書き始めると、よく知っていると思っていることも、うまく説明できないことはままあります。

わたしは専門用語が出てくると、よく学生に説明させました。その基準は「中三階級の用語で」。つまり義務教育を終えた中学三年生の言語能力と語彙のレベルで、相手に説明できるようにすることです。他人に教えることで、自分の理解力の程度がよくわかります。それができないようなら、自分がよく理解できない専門用語や概念など、使わないほうがましです。初めて大学の教壇に立ったとき、社会学者の名前とジャーゴン（専門用語）なしで社会学の説明をしようと意気込み、講座の終了後に、高校を卒業したばかりの教養課程の受講生から「構造主義が何か、よくわかった」と感想をもらったときのうれしさは忘れられません。

†概念や用語は定義して用いる

特定の概念や、用語・用字は、いったん採用すると決めたら最後まで同じ表記を使います。そしていずれの場合にも、採用した概念や用語には、「以下の意味で使う」という定義が必要です。多少は退屈でも、文飾のために言い換えたり、多様で多義的な表現を使ったりしてはいけません。読み手にどんな誤解も誤読も許さないためです。文学作品なら「いろんな読み方ができる」ことはメリットかもしれませんが、研究論文には解釈の多義性は百害あって一利なし。論文の文章は、一義的に誤読なく読まれる必要があります。

ほとんどの概念や用語は、あなたが発明したものではありません。誰か他の人があなたに先だって使っています。それなら誰のどんな概念を、どんな理由で採用するのかを明示しなければなりません。学問が研究者コミュニティの共有財産だというのは、こういう概念（現実を解釈する道具）のストックがすでに目の前にあるからです。その道具の使い勝手が悪ければ、自分が解きたい問いに合わせていくらか変更したり、修正したりしてもかまいません。その際もなぜ、どこを、どんな理由で修正したかを説明する必要があります。誰も使ったことのない自分独自の概念や用語を作ってもかまいませんが、その場合には、ハードルが高くなります。既存の概念のすべてが使い物にならない、ということを証明しなければならないからです。

†本文と引用を区別する

本文と引用の別がわかるように書く、言い換えれば、他人の考えと自分の考えを区別し、その違いがわかるような書き方をすることは大事です。言語というものがそもそも他者に属するように、あなたの考えのほとんどは他からの借り物です。研究者にとってアイディアが借り物であることは、恥ずべきことではありません。借り物のアイディアを使って、借り物でない発見に至る、ことができればいいだけです。ある先輩研究者が、論文というものは九割までが借り物で、残り一割がオリジナルならそれでいいんだ、と言ったことがありますが、研究者コミュニティに属するというのは、そういうことを言います。その際、誰からどのように借りたかということを明示するのが研究者のお作法です。それはどこまで借り物でどこからが自分のオリジナルであるかを示すためにも必要です。そのために著者名と引用符、出典とを明記するルールがあります。

引用とはあやういものです。影響を受けた研究者からは、いつのまにか文体まで感染していきます。ほんとうに影響を受けた研究者の文章は、どの本のどこからと示すこともできないために、かえって引用文献に登場しないこともめずらしくありません。大学院生の論文などには、著者名抜きで本文中に引用が埋め込まれていることがありますが、その文章の流れがあまりに自然なために、これでもし何かの事情で引用符が脱け落ちたり、出典情報が漏れたりしたら……とひやりとすることがままあります。そうなれば後に述べる剽窃になります。そして研究倫理上、剽窃は決してやってはならない行為です。

それを避けるためには、本文中にどんなに煩瑣でも、「ミシェル・フーコーによれば、セクシュアリティとは「(以下引用)」[Foucault 1976:35]」とか「これは、シンシア・エンローのいう「女性の軍事化」[Enloe 1998:121] にあたる」とか、典拠を示す必要があります。あまり知られていない論者の場合には、「軍隊と女性の研究で知られるアメリカの国際政治学者、シンシア・エンローは……」といった説明を加えておくとよいでしょう。

最近の若手の論文では、文中に被引用者名を省略して出典だけを示すものが増えましたが、これは感心しません。また著者名の初出はフルネーム、二回目からは姓のみ、同姓が複数あって特定しにくい場合はくりかえしフルネームで、というルールも軽視されがちですが、煩瑣だからというだけの理由で省略してはなりません。

†引用ストックのつくり方

ついでにわたしの引用ストックの作り方をこっそりお教えしましょう。

必要な本はかならずアンダーラインを引きながら読みます。本は汚すもの。ですから書物は購入して自分の所有物にしたほうがよいのです。アンダーラインした書物は二度読みます。二度目はアンダーラインの部分のみを集中して読み、二度アンダーラインを引いた部分に付箋をつけます。そうやって残る箇所は単行本一冊で数箇所からマックスで二〇から三〇箇所程度、そんなに膨大な量にはなりません。それをコピーして情報カードにユニット化します。ここでも一情報一ユニットの単位を守ります。情報カードには必ず出典と引用頁を明記します。同時に文献リストを作成しておきます。そうやって読み終わった本はフローから再ストック化して（つまり書棚にもどして）かまいません。わたしにとって必要なその書物のエッセンスが数十件の情報として残されたからです。それを文脈に応じて配列していけば、引用にあたっていちいちもとの書籍を引っ張り出す必要がなくなります。

ただしそうやって選び抜かれた引用文は、魅力的な文章が多いものです。思わずそれを本文に組み込みたくなりますし、本文もその影響を受けがちになります。書物からの引用だけでなく、インタビュー・データからの一次情報も同じです。ですが、基本、引用とは要約からすべて落ちるもの、と観念してください。つまりあなたの発見や結論とは、一次情報をすべて脱落させた後の、あなた自身が生産したメタ情報、メタメタ情報にほかなりません。引用にあなたのアイディアを代弁させることはできません。

もうひとつ、引用は本文中でここぞ、というところで一回だけ、使いましょう。引用の繰り返しは、インパクトを弱めます。使いたいところはいくつもあり、悩むものですが、引用の効果を高めるためにはそのほうが効果的です。適切な文脈に適切な分量で用いられた引用は、「芸」の域に達していますが、いずれにせよあなたの論文の価値を高めるのはあなた自身の書いた本文であって、引用ではありません。

†剽窃・盗用をしない

研究者コミュニティの成果物は共有財産ですから、そのためにこそ、自分の論文のうちどこまでが他人に属するか、どこからが自分自身のオリジナリティかを区別することはたいへん大事です。それは研究者であるためのイロハ、最低の条件であると言ってもかまいません。そのために引用や出典挙示のルールが決まっていますが、それを守らないと剽窃plagiarism になります。

ところがインターネットで情報収集が容易になると、ネット情報の切り貼りで論文が書けるようになりました。多くの大学教員はそれで悩まされています。期末レポートや卒論レベルならともかく、修士論文や学位論文などで剽窃があり、修士号や博士号を授与したあとに剽窃が発見されると、学位の審査に関わった審査委員の評価能力も問われることになり、学位の取り消しや退学処分など、大学の名誉に関わるスキャンダルに発展することもあります。そのために剽窃検出ソフトが開発されて出回っているくらいです。それでも剽窃が根絶できないのは、毎年著名な大学や学術ジャーナルで剽窃騒ぎが起きていることからもわかります。発覚したのはおそらくその一部、あとは埋もれたまま業績として通用しているケースもあるでしょう。

ですが、研究者として剽窃はもっとも恥ずべきことです。何のための、誰のための研究なのか？　自分の立てた問いがすでに他の誰かによって解かれていたら、その先行者に敬意を払えばいいし、もしまだ解かれていないのなら、先行者に敬意を払いつつ、改めてオリジナルな問いを立てればいいだけです。研究者にとっての最大の報酬は、自分の立てた問いを自分の力で解いた快感！　剽窃や盗用は本末転倒です。

わたしが上野ゼミで学生に、他の誰のものでもない一次情報に依拠した研究を求めたのもそのためです。メディアやネットのなかには二次情報があふれています。それを器用に切り貼りしただけのレポートを、「総合学習」などの名で中学生や高校生にやらせるのは、研究の名に値しません。

†書式、引用、注、文献の表記

原稿の書式、引用、注、文献等の表記については学術論文の慣行にしたがいます。わたしが採用しているのは日本社会学会の『社会学評論スタイルガイド』(1)です。この要求はたった一頁のレジュメにも、三頁程度のエッセイにも、同じように課しています。どんなに短くても学術論文のスタイルにしたがった書き方を習得しておくと、今度はどんな長い論文も書けるようになります。ちなみに本書もそのスタイルガイドに従っています。

†フォントとサイズ

アウトプットについて触れておきましょう。最近は学生のレポートなどもオンライン提出するようになりました。手書きの原稿を読まされた時代を思えば読みやすくなったものです。その際も読み手に配慮して、相手が高齢者ならフォントサイズを11から12にするくらいの配慮はしましょうね。

東京大学には専攻科別にさまざまな慣行があって、日本史と日本文学とは、縦書き論文でなければ受理しないというルールがあったそうです。なかでも国文学研究室（今もこの名称です）には手書き原稿に限るという制約がありました。九〇年代、ワープロがとっくに普及していた頃、推敲や改訂に容易なワープロで書いた草稿を、四万字から八万字分も縦書き原稿用紙に手書きで清書するのが、国文学科の学生のしごとだったのだとか。ふしぎな慣行もあったものです。今ではもうなくなったでしょうか。そういえば、日本中世史学者、故脇田晴子さん特注の京大式カードのオリジナルヴァージョンは縦書きでした。へええ、このひとたちは日頃タテ文字を読み慣れているから、京大式カードもタテ文字なのか、と感心した覚えがあります。

†わかりやすい日本語で

そしていちばん大切なのは、わかりやすい日本語で書くということです。複雑で難解な文章を高級な文章とカン違いしてはなりません。わかりやすい文章は、単純な文章と同じではありません。現実はふくざつですが、わかりやすい日本語でふくざつなことをふくざつなままに書くことはできます。業界用語や専門的ジャーゴン、華麗なレトリック、凝った言い回しなどに依存する必要はありません。

論文で大切なのは、読み手に対して、あなたが考えぬいたことを、根拠を示して、論理的に、説得すること。訓練すれば誰でもその能力が身につきます。

†どんな人称で書くか

言わずもがなのことながら、主語の一人称に何を使うかについてお話ししましょう。日本語の人称は、性別、地位、文脈等によって多様であり、状況が決まらなければどれを採用するか、決定することができません。論文の人称はこれまで「我々は」とか「人は」という、いわば誰をも指示しない無人称でした。「以上を我々は確認した」などという文章を読むと、アタシは「我々」に入ってないよ、とツッコミを入れたくなったものでした。それどころか、一人称を避けるために、過度に受動態（「以上のことが確認された」）を多用する論文もあります。どちらも感心しません。

論文のメッセージを発信しているのはあなたであり、その内容に責任があるのはあなた一人なのですから、ここは一人称単数形である「私」を使いましょう。「私」は、公共空間における性別を問わない一人称単数形です（わたし自身は、「私」でなくひらかなの「わたし」を使うほうが趣味ですが）。評論家などには「僕」を使うひともいますが、これなど公共空間に私的な顔をぬっと出したような気持ち悪さがあります。さすがに「俺」を主語にした論文を見たことはありません。

論文は知の公共財、ですがあくまで「私」の発信した情報であることを刻印するためにも、主語に一人称単数形を用いるほうがよい、と思います。

†誰に宛てるか？

最後に論文を書くうえで大切なことを述べましょう。それは誰に宛てて書くか？　ということです。論文の宛て先addresseeを意識することは、論文を書くうえで、たいへん大事なことです。

研究論文の第一読者は通常、指導教員です。ですが、指導教員が適切な読者であるとは限りません。とりわけ指導教員と学生とのあいだに信頼関係がない場合には最悪です。学会だと、第一読者は査読者になります。これも覆面レフリー制度だと、いったい誰が査読者を勤めているのかわからない権力構造があります。指導教員も査読者も、この関門を通らなければこの先一歩も進ませない、というゲートキーパーの役目を果たしますが、その人たちが自分にとって最良の読者であるとは限りません。

指導教員や査読者が第一読者であるということは、論文の宛て先は学界という名の学術コミュニティであることになります。研究とは知の共有財に新しい発見を付け加えることであり、そして研究者にとってはそれが業績となり、業績を蓄積していくことで学界内のポジションを獲得していくことになります。学術コミュニティは、公平な業績主義が通用する（と見なされている）数少ない社会集団のひとつです。もちろん人文系や社会科学のように評価基準が一元的でないところでは、かならずしもそうとは言えませんが。

ですが、研究は学界での業績競争のためにあるのでしょうか？　問いを立て、答えを求めて道なき道に探索に乗り出すのは、誰かに何かを伝えたいがため。その誰かとは誰で、何かとは何でしょうか。

調査倫理的にいうなら、論文の第一読者はまずもって調査対象者でなければなりません。調査対象者にとって、めんどうな質問を根掘り葉掘り聞き出す調査者は招かれざる闖入者です。おまえは何しにきた、自分に何をしてくれるのか、と対象者は調査者にチャレンジします。アンケート調査の回答者からでさえ、協力したからには、調査結果を聞かせてほしい、と要求されることがあります。自分の提供したデータがいったいどのように処理されるのか、それを知りたいと思うのは人情でしょう。

調査結果はまず調査対象者にフィードバックします。引用するデータについては、本人の同意がなければ公開できないことは言うまでもありません。たとえ音源が残っていたとしても、「こんなことは言わなかった」「こんなつもりではなかった」と言われたら、涙を吞んで削除するほかありません。調査結果にもとづいて分析・考察した最終的なアウトプットである研究論文が、調査対象者に納得のいくものになっているかどうかは、重要なことです。もちろんそのなかには、調査対象者にとって、批判的な内容もあるでしょう。それも含めて、一次情報を提供した調査対象者がなるほど、と得心する結果が出れば、その論文はすぐれた論文と言えます。

こういうことを述べる際に、わたしがいつも念頭に浮かべるのは、春日キスヨさんの名著『父子家庭を生きる』［春日1985］です。父子家庭の父親たちの自助グループに通って得られたデータをもとに、父子家庭という少数派を通じて、母性神話の強固さや父親であることの困難を描き出した労作です。父子家庭の父親とは、（1）離別に際して子どもの親権を引き受け、（2）祖母力や施設に頼らず自分で子育てを担い、（3）再婚しないでいる父親たち、もっとあからさまにいえば、妻に子どもを置いて逃げられたお父ちゃんたちであることを、春日さんは指摘します。「あんたには無理じゃけん、養護施設に預けたら」という福祉関係者の父子引き離しに抵抗し、子どもを預ける実家の資源も、再婚する資源も少ない、社会的弱者とも言えるその男性たちのホンネを引き出すことができたのは、春日さんが女性だったからこそでした。いえ、ほんとは春日さんだったからこそ、と言うべきでしょう。男性性への批判と共に理解と同情のある彼女の分析に、調査対象者のお父ちゃんたちは共感し、「ここにオレがいる」と実感を持って受けとめてくれました。「父子の会のお父ちゃんたちが、私の本を宣伝して売り歩いてくれよるんよ」と言った春日さんのうれしそうな声が、今でも忘れられません。

反対に、自分の提供したデータが切り刻まれ加工されて、「ここには自分がいない」「あれはわたしではない」と、調査対象者に思わせる研究論文は、失敗作だと言えるでしょう。言い換えれば、研究論文のもっとも最初の、そしてもっとも厳しい判定者は、調査対象者だということです。

†誰が宛て先か?

論文を書くときには、この論文を誰に読んでほしいか、宛て先を意識して書くほうがよい、とわたしは学生に言い続けてきました。しかもその宛て先は、抽象的なオーディエンスではなく、ひとりでもふたりでもいい、固有名詞を持った顔の見える個人であるほうがよい、と。「文《ふみ》」とはもともと、手紙のことをいいます。誰かに宛てて書くものが、文章の基本の「き」。そのような顔の見える宛て先を同時代に持てる書き手は、しあわせだとも言えます。その時に、自分の理解者でもあり、もっともきびしい批判者でもある読み手を想定しましょう。自分のハードルを上げるためです。

学生にはこうも言い続けてきました。「あなたの論文の宛て先が、こんな狭い世界（学界のことです）にいると思うな、目をもっと遠くに向けよ」と。というのも目の前の指導教員や同僚の評価に振り回される学生や院生を、たくさん見てきたからです。

こういう時には、つねに最初に立てた問いに返りましょう。自分が立てた問いは、いつでも研究の原点です。いったい何のための、誰のための問いなのか？　誰に、何を、クレイム申し立てしたいのか？　誰に宛ててどんなメッセージを届けたいのか？　……そう考えれば、届けたい相手はおのずと見えてきます。そしてそれに従って、文体も決まってくるでしょう。

注

（1）http://www.gakkai.ne.jp/jss/bulletin/guide.php

14　コメント力をつける

†代わりにやってみせろ

他人の不幸は蜜の味……じゃないですが、自分で論文を書く苦労に比べれば、他人の論文のあらさがしは容易だし、揚げ足取りは楽しいものです。学生のレポートを読み慣れているわたしは、手に赤ペンを持ってひとの論文を読むのが習慣。誤字脱字やまちがいをみつけるとにんまりする、イヤな性格の持ち主です。

とはいえ、他人の論文を読んでコメントする力を身につけるのは、とても大事です。なぜなら他人の論文のあらがわかるということは、自分の論文のあらもわかるようになるということだからです。

ブルデューやフーコーのような論文を書くことはできなくても、ブルデューやフーコーの批判はできます。上野ゼミでは膨大な指定文献リストをもとに、どんな古典的なテキストも「批判的に読む」ことを課しました。要約は許しません。受講生はあらかじめ指定文献を読んでくるのが前提。誰も本人以上に自分の考えをうまく伝えられる者はいない、だからへたな要約は要らない、誰かの書いた入門書や、解説も不要、ひたすら原典（と言っても翻訳ですが）を読むことを要求しました。それも精読ではなく多読。そうすると学部生でも「ここには証明がない」とか「これでは説得されない」とか、いっぱしの口をきくようになります。相手がどんな大家なのか知らない無知が言わせるせりふかもしれませんが、それを聴きながらわたしは「いいぞ、いいぞ、その調子」とほくそえんでいました。

批判は読者の特権。情報の消費者である限りは、いかようにもグルメにもディレッタントにもなれます。同じレベルの議論はできなくても、うまいまずい、口に合わない、などと好き勝手が言えます。学部生まではそれでも許されますが、大学院生になると、そうはいきません。先行研究の批判をするなら、批判はしてもよい、だがそんなら代わりにオマエがやってみせろ、と言われる立場に立ちます。なぜなら院生とは、情報生産者予備軍だからです。

です。

†コメンテーターになる

他人の論文のコメントをするのは、自分が論文を書けるようになるための基本の「き」です。

今から四〇年近く前、日本で初めて「女性学」の名を冠したジャーナル『女性学年報』（日本女性学研究会女性学年報編集委員会）が発刊されました。[1]創刊号の編集長はわたしです。刊行は一九八〇年、日本女性学会の学会誌『女性学』の創刊（一九九二年）に先だっていました。「女性学? それって学問?」と言われていた時代のことです。書きたい思いはたくさんあったけれど、既存の学会誌に持って行けば、「主観的」だの「論文になっていない」だのと却下されそうなものばかりでした。どこにも載せてもらえないなら、自分たちで雑誌を作ろうと思って作りました。「公平・中立」「客観性」など、こだわるつもりはありませんでしたから、「女性学への思いの熱い」論文を優先採用するとか、自分のための舞台を自分の努力で準備するのだから「編集委員の論文を優先採用する」とか、常識では考えられないようなルールを作りました。だって誰よりもテマヒマかけるひとが、報われて当然だからです。自分の論文を載せてもらいたければかんたんです、手を挙げて編集委員になればいいのです。

それでも論文のクォリティにはこだわりましたから、コメンテーター方式を採用しました。学会誌でいえば査読方式[2]にあたりますが、査読とは違います。裏話を明かすと、『女性学年報』のコメンテーター方式は、当時東京大学社会学研究室の大学院生が独自に刊行していた『ソシオロゴス』がモデルです。『ソシオロゴス』は、学会の権威主義を嫌って相互に切磋琢磨する研究の場として自主的なジャーナルを作ろうと、コメンテーター方式を採用しました。創設メンバーには、橋爪大三郎、山本泰、志田基与師らがおり、わたしは最初の、そしてほとんど唯一の、学外寄稿者でした。

わたしは学会誌の覆面査読[3]が権威主義的でとってもキライでした。一方的に査定を下すのではなく、査読者が堂々と顔を見せて、執筆者と対話すればよい、と思ってきましたので、その信念を貫いて今日まで学会誌の査読は原則お断りしてきました。査読の依頼があれば、「貴学会は査読者を公表なさいますか？　もしそうなさるようでしたら、お引き受けします」と伝えましたが、それに応じてくれた学会はありませんでしたから、幸いにして他人の論文の査読をするという、時間ばかり食って功の少ないしごとを引き受けずにすんできました。

だれでも論文を書く前には、タダのしろうとです。しろうとが一万二〇〇〇－一万六〇〇〇字の論文を書こうたって、急にはできません。とりわけ女性学は「女性の経験を言語化する」ことを掲げ、「女性なら誰でも伝えるべきことがある」と主張してきました。そのしろうとの女性たちに、「論文、書いてみない?」と誘っても、おいそれとは応じてもらえません。ですが、コメンテーターになら、なってもらえます。

『女性学年報』が編み出したコメンテーター方式は、二名一組、応募原稿にその論文の主題に近い分野の専門家と、まったくのしろうととを組み合わせます。できるだけ対面状況をつくりだすことを前提に、執筆者とコメンテーターが面談します。そのやりとりのなかから、おもしろい発見がいっぱいありました。

二人一組のコメンテーターのうち、わたしは大概の場合、専門家の立場に立ちました。わたしから口火を切ればそれで話が終わるので、しろうとコメンテーターから先に発言してもらうようにしました。そうやってわかったことは、専門家のコメントとしろうとのコメントは九割がた一致する、ということでした。ここから生まれた標語が「しろうとにわからないことは、くろうとにもわからない」というもの(笑)。説明不足や論理の飛躍、過度な一般化などは、どんな読者にも見抜けます。

もうひとつ、わかったことがあります。コメンテーターは査読者ではないとはいえ、執筆者に影響力を持ってしまいます。そうやって書き直された改訂稿は、たいがいコメンテーターの意向に迎合しがちで、初稿にあった勢いやオリジナリティが希薄になりがちでした。その結果、提出された改訂稿に、さらに二次的なコメントを付して、あなたがほんとうに言いたかったことは何なのか、コメントのなかで採用したほうがよいものとそうでないものとを腑分けしようよ、と提案し、第三稿を提出してもらうようにしました。こういう過程を経て、執筆者とコメンテーターの共同作業のたまものと言ってよいほど、お互いの納得のうえで、最終稿は初稿からは見違えるように改善されました。ここから生まれた教訓が、「改訂は二回以上」というものです。

名のある執筆者のなかには、「こんなめに遭ったのは初めてだ」と怒り出して原稿をとりさげた人もいました。なかには、「これだけ丁寧に原稿を読んでいただいたのは人生で初めてです」と感激してくださった方もいました。人それぞれですね。

コメンテーターと執筆者との関係は微妙です。学会誌などの査読者は、採用の可否についての権限を付与されており、同意が得られなければ掲載は拒否されます。『女性学年報』では、コメンテーターはただのコメンテーター、採否を決定する権限はコメンテーターの意見を参考に、編集委員会が判断することになっていました。執筆者はコメントをつっぱねて初稿にこだわることもできます。ですが、やはり、コメンテーターがゲートキーパーの役割を果たして、ここを通らないと次に行けない、という暗黙のプレッシャーがかかることがままあります。長い年月のうちには、そのせいでトラブルも起きました。コメンテーターの過度の権力化と専門化が原因です。それでも基本は対面、書面でなく面談によるコメントのやりとりは、コメントをする側にもコメントを受ける側にも、多くの成果をもたらしてきました。

この過程を経て、コメンテーターは、論文とはいかなるものか、どのようにして書かれるのか、どういう論文がよい論文なのか、を学ぶようになります。コメンテーターが翌年には執筆者に廻る……『女性学年報』はそうやって書き手の予備軍を育ててきたのです。そのなかから生まれた「コメントの仕方」を図表15－1にあげておきます。

†内在的コメントと外在的コメントを区別する

コメントの過程で生まれた最も大事な教訓が、これです。

「自分にできないことを、他人に要求しない！」

0　基本の「き」
・自分にできないことを、他人に要求しない！

1　はじめに
・コメントは、(1)書き手の言いたいことに沿ってその意図がよりよく通じるように示唆を与え、(2)論旨の欠陥や議論の問題点を指摘し、(3)ありうる批判を予測して書き手にディフェンドするための知恵を授ける、ためにあります。
・コメントと批判は違う。だから揚げ足取りや、ためにする批判をしない。
・コメントと反論は違う。だから自分の異論や反論はおしつけず、論文が発表された後に、あらためて書評や論文のかたちで発表する。
・問題点を指摘した場合には、「なら、どうする」という代替案を示すのが親切です。

2　内在的コメント
・内在的コメントとは、書き手の論旨や主張に沿って、それを受け入れたうえで、なおかつ論旨の非一貫性や、不徹底さ、その拡張や応用の可能性について、書き手に代わって、示唆するものです。
・全体の構成・目次
・論理展開や理論・概念装置
・先行研究や調査データの網羅性や解釈
・論旨の妥当性・説得力

3　外在的コメント
・書き手の射程に含まれない視点からの、限界や欠陥を指摘します。書き手はしばしば自分の構図のなかにとらわれて、自分のアイディアを大局的かつ相対的に見ることがむずかしいものです。それを外在的な視点から指摘することで、書き手の射程や地平をいっきょに拡大することができます。外在的コメントもまた、書き手の趣旨や意図をよりよく表現するための示唆であり、書き手を否定するためのものではありません。
・外在的コメントはないものねだりに堕しがちである。そこにすでにあるものをポジティブに評価し、ないものをあげつらうのはやめる。ひとつの論文が対象とすることがらのすべての要因について網羅している必要はない。ただし欠けていることが致命的であるような変数や要因、あったほうがよいと思われる視角や分析については積極的に指摘する。

図表15－1　コメントの仕方

コメントと揚げ足取りは違います。コメントはケチをつけることではなく、（1）書き手の言いたいことに沿ってその意図がよりよく通じるように示唆を与え、（2）論旨の欠陥や議論の問題点を指摘し、（3）ありうる批判を予測して書き手にディフェンスのための知恵を授ける、ためにあります。

コメントと批判や反論も違います。たとえ相手の論旨に賛成できなくても、可能な限り相手の主張を説得力のあるものに仕立てあげることに協力したうえで、書き手からは死角にある、ありうる批判や欠陥を示して、それを予期した論点を組み込み、完成度の高い論文にするためのお手伝いをするのがコメントです。論文に対する批判や反論があれば、論文が発表された後に、しかるべき媒体に書評や論文のかたちで発表すればよいのです。山を最低鞍部から越える、という安直なやりかたではなく、相手の論文をできるだけ完成されたものに仕立てて、越えがいのある高い山にするのが役目です。

そのためには、内在的コメントと外在的コメントとを区別するのが役に立ちます。内在的コメントとは、書き手の論旨や主張に沿って、それを受け入れたうえで、なおかつ論旨の非一貫性や、不徹底さ、その拡張や応用の可能性について、書き手に代わって、示唆するものです。他方、外在的コメントとは、簡単に言うとないものねだり。あれがない、これを知らない、それが見えていない……とあげつらうものです。

外在的コメントにも役に立つものがあります。書き手が自覚しない限界や欠陥の指摘です。書き手はしばしば自分の立てた構図のなかにとらわれて、自分のアイディアを大局的かつ相対的に見ることがむずかしいものです。それを外在的な視点から指摘することで、書き手の射程や地平をいっきょに拡大することができます。外在的コメントもまた、書き手の趣旨や意図をよりよく表現するための示唆であり、書き手に反論したり、否定するためのものではありません。

コメントで大切なのは、すでにあるものをポジティブに評価し、ないものをあげつらうのはやめることです。外在的コメントには、「あれがない」「これが触れられていない」というものがありますが、いちいちまともにとりあう必要はありません。「あれがない」とは、翻訳すれば「オレの知りたいことが書かれていない」と同義のことが多く、それってあなたの問いでしょ、あなたの問いにわたしが答える責任はない、と言い放てばそれでよい。裏返しにいえば、コメンテーターとは、まず論者の立てた問いを共有したうえで、その問いの射程のなかで、よりよい答えを出すお手伝いをする役割です。

問いの立て方や採用する方法によって、答えが出ることと出ないことがあります。たとえば「子どもの性的虐待をめぐるメディアの言説分析」を主題にしたとします。「いったい子どもの性的虐待は増えたのですか、減ったのですか、実態はどうなんですか?」と問われても、この研究では、答えは「わかりません」と言うしかありません。メディアは言説であって現実ではありませんから、言説分析という方法からわかるのはあくまで言説についてでしかありません。「実態」に迫るためには別の問いの立て方と対象と方法とが必要になります。だとしたら「実態はどうなってるか?」という問いに対しては、「それは私の問いではありません」と応えればいいのです。ですから、こんなコメントは不適切なコメントと言えます。

問いの立て方や対象と方法の組み合わせが、主題にアプローチする視角を決定しますから、そこには当然限界や死角も伴います。ひとつの論文が対象とすることがらのすべての側面について網羅している必要はありません。ただし欠けていることが致命的であるような変数や要因、あったほうがよいと思われる視角や分析については積極的に指摘することが必要です。

†内在的コメントの仕方

コメントのしかたにもお作法があります。全体から細部へ、重要性の高いところから低いところへ、というのが順序です。

まず問いの立て方の独創性や、論旨の明晰さを評価しましょう。次に全体の構成や目次の適切さについて目配りします。

さらに論理展開や理論・概念装置の使い方の適切さを検討します。ここで先行研究や調査データの網羅性や解釈の妥当性を検討しますが、もしその分野の重要な先行研究で論者の視野から漏れ落ちている文献があれば、指摘してあげることも大事です。また同じ分野の専門家なら、理論や概念の使い方が適切かどうかも検討する必要があります。

いちばん大事なのは、論旨の妥当性と説得力です。多くの論文は先行研究に対して、なんらかの挑戦や修正を迫るものですが、読み終わってもそれに説得されなければ意味がありません。そのためには文章の細部が問題になります。用語の説明不足、論理の飛躍、文章の非一貫性など、書いているときには気がつかないことを、読み手は指摘してくれます。こういうときこそ、しろうと読者の目が生きてきます。つまり「ニホンゴになっていない」、読めない文章がけっこう多いものです。

「この表現、ヘン」と問題点を指摘した場合には、「なら、どうする」という代替案を示すのが親切です。そこまでいけばあなたのコメント力も相当のレベルに達したと言えます。「そう、そうなのよ、そう言いたかったのよ」と書き手が納得するような代替案を示せれば、書き手の論理と生理にそった内在的コメントができるようになったことになります。コメントは何より、書き手の腑に落ちなければなりません。でなければ書き手が納得せず、コメントがコメントの役目を果たさないからです。時々ゼミで、「そ、そうなんです、センセ、なんでわたしの言いたいことがそんなにわかるんですか」という反応を受け取ることがありますが、そりゃ年の功、ダテに教師をやってるわけじゃありません。

†役に立つコメント・役に立たないコメント

コメントには役に立つコメントと役に立たないコメントだけでなく、それに従うとかえってマイナスになるようなコメントもあります。コメントを受ける側からいえば、よいコメントと困ったコメントを腑分けするのも大事。コメンテーターの持つ権威におもねっていたずらにコメントに左右される学生もいますが、自分の立てた問いの初心を忘れないことです。

困るのは、この権威が権力を伴う場合。学術誌の査読なら、他の媒体に乗り換えるという解決策もありますが、学位論文のコミッティー（審査委員会）からのコメントなら、それに学位授与権という権力が伴いますから、学生にとっては死活問題です。とりわけ困るのは「学際的」と銘打って、分野の異なる審査委員がコミッティーを構成する場合。自分のディシプリンに沿っててんでばらばらのコメントをするコミッティー・メンバーに翻弄されて、混乱の極みに追い詰められる学生をたくさん見てきました。その際にも内在的コメントと外在的コメント、採用したほうがよいコメントと採用しないほうがよいコメントを腑分けする能力は大切です。

コメント力は訓練できます。コメント力をつける訓練として、上野ゼミでは、毎回ゼミの報告のすべてに発表者あてにコメントを提出する義務を課しました。一回に四人の報告者がいれば、そのすべての報告者を宛て先に四通のコメントカードと、その回の授業に対する上野宛てのコメントカード、計五通を授業の終わりまでに提出します。コメントを記入する時間はとくにとりません。報告と討論の終了と共にコメントを提出するので、受講生は寝ているヒマがありません。それに報告者の発表を聞いていなければ的確なコメントができませんから、自然と熱心に報告を聞くようになります。ただしたくさん書かなくてもいいように、基本Ｂ６判京大式カードの大きさを使いました。そうやって年間に三〇回の授業×人数分、合計数百枚のコメントカードを書き続けるうちに、コメント力が抜群にアップしていきます。一年経つと、指導教員レベルのコメント力をつける人も出てきます。こういう指導力のある院生がリーダーになって、院生同士で論文検討会などを実施しているところもあります。そして同じ回数、コメントを受け取る側に立ち続けると、役に立つコメントと役に立たないコメントとの違いがよくわかるようになります。ですからコメントは、コメントする側と受ける側、両方に立つことが大事です。

†コメント・セッションをつくる

サンプル・チャプターを提出してもらったあとには、かならずコメント・セッションを設けます。希望者を二人一組で各サンプル・チャプターにコメンテーターとしてつけ、コメントのルールにしたがってハンドアウトをつくって口頭でプレゼンしてもらいます。もちろんサンプル・チャプターは事前にオンライン提出してデータを共有し、受講生全員が読んでくることが前提です。複数のひとにやってもらうと、コメント力の差がよくわかります。

上野ゼミでは論文の初稿をそのまま提出論文にすることはありません。必ずコメント・セッションを通過して、改訂稿を提出してもらいます。『女性学年報』の経験からいえば、「改訂は二回以上」といきたいところですが、時間の制約もあってなかなかそうはいきません。ですが、草稿（ドラフト）はしょせん草稿。最初の読者に読んでもらって改訂を繰り返すことで、はじめて完成度の高い論文になります。多くの研究書に、「草稿をだれそれに読んでもらってアドバイスを得た」と長々しい謝辞が述べられているのはそのせいです。つまり論文とは、小説のようにたったひとりの作家のファンタジーの産物ではなく、研究者集団の共同作業のたまものなのです。だからこそ、ゼミや研究会、学会のような討論の場が大切になります。

†ディフェンス力をつける

コメント力について論じたついでに、ディフェンス力についてもお話ししましょう。学位論文の審査過程には、口頭試問という関門があります。そのときに論文の弱点や欠陥を審査委員から衝かれるのですが、その際にも内在的コメントと外在的コメントとの区別は役に立ちます。外在的コメントなら、「それはわたしの問いの射程にありません」とか「それはあなたの問いであってわたしの論文の問いではありません」と突っぱねればいいのです。内在的コメントなら、それに丁寧に対応し、反論の必要があればきちんと反論します。たいがいの質問は、本文中に答えが用意してあるものですが、それが適切な場所にないために、読者の目に留まらないことがあるもの。そういう時には、「今のご質問については、何頁の何行目にこう書いてあります」と説明します。誤解や誤読があれば、「そこはそうは書いてありません」と説明し、理解を求めます。説明不足や思い違いを指摘されたら、「ご指摘ありがとうございます。参考にさせていただきます」と答えましょう。自分のアキレス腱を衝かれたら「はい、自分でも弱点だと思っていました。再検討します」「勉強不足でした。今後の課題にします」とすなおに認めましょう。

反対に、あいまいで具体性のない論難には、「今のご指摘は、どこが問題かわかるように具体的に説明してください」と食い下がればよいし、相手がいやがる対応は、「ご指摘はもっともです。なら、どう変えたらいいでしょうか?」と、へりくだって相手のアドバイスを求めるというもの。そこまで考えていない審査委員は虚を衝かれて、困惑するでしょう。学位授与制度のもとでは審査委員は権力者。言いたい放題になりがちですが、審査の過程では、審査委員の審査能力だって試されているのですから。

ディフェンス力とは、自分の主張を通すためのスキルです。適切なコメントならありがたく採用したらよいし、そうでなければ反論し、場合によってはつっぱねる……あたりまえのことです。これもまた場数を踏むことによって培われる能力です。

†司会の役割とは

もうひとつ、だめ押しで、司会についても付け加えておきましょう。

上野ゼミでは受講生に司会を順番に担当してもらいました。それでなくても権力者である教師が仕切ると教員ペースになってしまうのを避けるためだけでなく、受講生のすべてに一度は司会の役割を経験してもらってスキルを身につけてもらうためです。同じ座席に坐っていても、司会になると場の見え方が変わります。ワン・オブ・ゼムなら沈黙でやり過ごしてしまう場面も、司会になれば沈黙が耐えがたくなります。

司会者はたんに発言者を当てる役割ではありません。限られた時間資源のなかで、重要な論題を適切に配分して、議論の流れをつくる、文字通りの「仕切り役」です。ですから開口一番、「いまの報告に質問、意見はありませんか、ご自由に発言してください」という発言が司会者の口から飛び出したとたん、わたしは介入します。それは司会者のしごとではない、と。報告のなかにすでに問題は提示されています。それをとりまとめて、優先順位の高い順に配分し、「これとこれとこれについて、これからこの順番で議論したいと思います」と言うべきなのです。

「今の報告について、わからないことや事実関係についての質問があったら先に受け付けます」も最低。限られた時間資源を優先度の低い順番から配分することになるからです。多少の疑問があっても瑕疵の部類。それよりざっくり大きな主題や論旨について議論する方が先です。致命的な疑問なら、必ずその場に出てくるでしょう。

ですから、できるだけ教師の介入を避けたいといいながら、実際には司会にはきびしく介入しました。つまらない質問が出たら容赦しませんでしたし、沈黙も許しませんでした。沈黙は同意のしるし、報告に納得しているなら、「なら、聞くけど」と受講生に突っ込みました。それだけではありません。アメリカのクラスでは沈黙は不在。"If you don't speak out, you don't exist."（発言しなければ存在しないも同じ）が上野ゼミの標語でした。ゼミ終了後、今日の発言者は○○さん、××さん…と五人、つまり出席者は五人てことね」と受講生の顔ぶれをじろりとにらむこともありました。

彼らはこう言って怖れたものです。

「上野センセは、黙っていても怒る。つまらないことを言っても怒る」

もちろん怒鳴ったり叱ったりはしません。じっと黙っているわたしの眉間に縦皺が深くなるのを、手に汗にぎる思いで観察しているのです。

司会者の役割は、有限な時間資源を有意義な議論のために有効に使うことです。司会者は発言を抑制しなければならない、なんてことはありません。仕切りすぎてその場を独占するのも考えものですが。ただたんに手を挙げたひとに、「はい、次の人」と指名するのが役目ではないのです。そのためには積極的な誘導や介入などのステアリング（運転、操縦）が必要です。「有意義な議論」とは何か？　報告者にとっても、聴衆にとっても、報告だけでは得られないプラスアルファの発見に導くような議論です。そうでなければ議論の価値はありません。

シンポジウムでは司会者をモデレーターとかコーディネーターとか呼びます。調整し、仲介し、異なるものを結びつける役割。ひとりひとりの参加者よりも俯瞰的にその場をながめながら、議論の道筋と着地点を考え、シナリオをあらかじめ想定しておくがシナリオどおりに行かなくてもあわてず臨機応変に次の対応ができ、参加者と聴衆に満足感を持って帰ってもらう、という重要な役割です。

それにしても。国権の最高機関である国会には議長がいますが、その席についたひとが、こういう役割を果たしているとはとうてい思えませんね、やれやれ。

注

（1）『女性学年報』は一九八〇年創刊、四〇年以上継続している。各号には「女性学年報Q&A」が掲載されており、そのなかに「コメント制度について」の項目がある。編集委員会によっていくらかの改訂はあるが、基本的なルールは創刊時に作ったものと変わらない。
（2）学会誌の査読はアカデミック・コミュニティにおけるピア・レビューの一種だが、これをつけることによって、論文の質を保証する審査過程のひとつとなっている。したがって査読付きジャーナルと査読なしのジャーナルとでは、論文の業績としての評価に差がつく。例えば、学位論文を提出する資格要件に、「査読付き学術ジャーナルに掲載された論文が三本以上」といった条件を求める大学は多い。一般に学会誌には査読がつくが、大学の紀要等には査読はつかない。
（3）公正を期すために、一般に査読者（レフェリー）には論文の執筆者を明かさずに査読が求められ、他方、執筆者には査読者が誰かは明かされないしくみになっている。これを覆面査読制度という。

15　論文の書き方を学ぶ

ここまでくれば、ほぼ論文は完成します。以上をまとめて、もう一度ふりかえるのに、かっこうのテキストがあります。東大上野ゼミの「番頭」さん、学部・大学院、ポスドク（博士課程修了後）時代を通じて長期間居座ったばかりに、「牢名主」の異名をとった松井隆志さんの書いた、上野ゼミ「論文の書き方」マニュアルです。わたしの言ってきたことを、当の上野ゼミ生がどう受けとめたか、伝え方と受け止め方とのあいだに齟齬はないか、を検証する「証言」になるでしょう。

上野ゼミでは夏冬二回のゼミ合宿を実施しました。参加者は正規のゼミ生のほかに他学部他学科の学生&院生、それに他大学からのもぐりの学生や社会人を入れて、毎回二〇名を越していました。それを二泊三日の合宿で朝から晩まで報告&討論、報告&討論を積み重ねるというハードな集中ゼミでした。朝から晩までわずかな休憩を入れてぶっつづけ、そのうえ毎回コメントカードを書かなければなりませんから、居眠りしているヒマもありません。そのうちテンションが上がって、ランナーズ・ハイならぬゼミ合宿ハイの状態に突入するのが快感でした。さる合宿所で宿舎の支配人さんが挨拶に来てくださったときには、「ほんとうにお勉強ばかりしていらっしゃるんですね」と目を丸くしていました。他の大学のゼミ合宿はお楽しみメニューが中心だったようですが、上野ゼミのゼミ合宿は、どんな景勝地に行っても散歩に出る余裕さえないタイトなスケジュールでした。

わたしが毎回ゼミ幹事に要求したのは、首都圏から移動二時間以内、そして温泉付き、というもの。わたしは無類の温泉好きで、合宿のあいだは温泉につかるだけが唯一の息抜きでした。車椅子使用の外国人留学生がゼミに在籍していたときには、首都圏で車椅子の入れる温泉地情報に詳しくなりました。そうやって女子学生とは「ハダカのおつきあい」をしたものです。

毎年学生が入れ替わる学部と違って、大学院生を教えるつらさは、彼らがえんえんと居座ってなかなか出て行かないこと。ですから講義にリピートが利きません。なあんだ、去年とおんなじことをやってら、と思われるのはしゃくです。わたしは講義とゼミのテーマを毎年変え、一度使ったテキストは二度と使わないという課題を自分に課しました。たんなる美意識なのですけれど。この課題を東大勤続期間の一八年間にわたってクリアするのは容易なことではありませんでした。その代わり、毎年受講生は、今年はセンセ、どんな新しいことをやるんだろう、という興味からリピーターになりました。とうとう一二年間、もぐりのリピーターになったひともいます。

上野ゼミ合宿のもうひとつの特徴は、学部生、院生合同ゼミで、かつ外部生も参加していること。年齢と経験の幅の大きい多様なひとびとが参加していました。なかには合宿にだけ参加するひともいたぐらいです。そこでは他人に伝わることばでプレゼンすることが求められ、またベテランが新人を教育するピアの教育効果が発揮されていました。何年も大学院に在籍するうちに、松井さんは指導教員なみの教育的指導力を身につけていました。「まるでわたしが言いそうなコメント……」と何度も感嘆したものです。松井さん並みのコメント力、指導力のある院生が複数いれば、指導教員は黙っていてもゼミは廻るようになります。年齢差の少ない関係だと、かえって後輩を撃沈させるような容赦のない批判を浴びせる先輩もいますから、そこは「まあまあ、これはこれで見どころもあるから」と、鬼と仏のバランスをとるくらいでちょうどよくなります。ほんとうは教師が鬼になるよりも、鬼は他の誰かに任せて、仏の役割を演じるほうがずっとトクです(笑)。

ゼミ合宿では先輩による「大学院入試攻略法」とか「卒論・修論対策の極意」とか、「私の就活体験」とかの特別番組も、プログラムに組み込みました。上野ゼミは面倒見のよいゼミだったのです。その特別番組のひとつが、松井さんによる「論文の書き方」講座です。これからご紹介するのは、何度かの改訂を経て決定稿となったマニュアルの抄録です。

タイトルの「東大で上野千鶴子に論文執筆を学ぶ」は、遙洋子さんの『東大で上野千鶴子にケンカを学ぶ』〔遙2000／2004〕のもじりです。もちろん、わたしが教えていたのは研究であって、ケンカではありません。以下の松井さんのマニュアルは、上野ゼミの核心をよく伝えています。内容はこれまでわたしが述べてきたこととほぼ重なりますが、これは受講生の側が上野の授業をどう受けとめたかの記録です。各標題にある引用は、わたしの発言。何かといえばわたしがゼミでくりかえしたせりふのようです。言った本人は忘れていても、言われた相手は覚えているものです。

上野の発言は、主として質問のかたちをとっています。社会学は下半身からグローバリゼーションまで、社会保障政策から初音ミクまで、おそろしく幅の広い分野を扱う学問分野です。学生ひとりひとりの問いに答えるだけの専門知識を教員が持っているわけではありません。精神科医の斎藤学さんは、専門家とはものごとをよく知っているひとではなく、適切な質問をくりだすことができるひとのことだ、と言ったことがあります。医者が知るべくもない、あまりに個別的な悩みをかかえて臨床の場にやってくるクライアントに対して、「専門家」は何ができるのか、と問われたときのことでした。そう思えば、松井さんの記憶に残った質問は、論文の書き手にとって必須の質問ばかりです。

＊　＊　＊

東大で上野千鶴子に論文執筆を学ぶ（抄録）

文責　松井隆志

0　はじめに

この文書は、上野ゼミ合宿における「論文の書き方講座」のために書かれたものです。ゼミその他の場での上野千鶴子教授の発言・コメントの中から、論文執筆に重要だと思われるものを抜き出し、それを私（松井）なりの解釈で解説しつつ、私の考える「論文の書き方」について述べたものです。

1 「志は高く持ってもらいたい」～テーマの設定

ほとんどの場合、論文は必要に迫られて執筆されるものです。しかし上に述べたことは、論文執筆にとって最低限の条件でしかありません。論文が、というよりも、ある文章群が一まとまりの意味あるものとして受け取られるためには、テーマが必要となります。論文の場合には、「～を解明したい」という研究目的がテーマとなります。

「まずはやりたいことをやってみたら？」

そもそも、大学（院）に入り、社会学を選び、上野ゼミに来たあなたは、自分自身の興味・関心、あるいは課題・目的を何かしら持っているのではないでしょうか。論文執筆というのは結構大変な肉体労働です。自分が面白いと思えるテーマでなければ長続きしません。自分ですら面白いとは思えない論文を一体誰が面白いと思うのでしょうか。瑣末なことを気にする前に、まずは自分が何を解明したいと思っているのかをしっかりみつけることが一番重要なことだと私は思います。

「大風呂敷広げすぎ」

しかしそうは言っても、現実的にはやりたいと思ったことが全てやれるわけではありません。だからそうした現実的制限を無視して論文構想を発表すると、「大風呂敷広げすぎ」というコメントをもらうことになります。確かに大風呂敷を広げすぎたまま論文執筆に突入すると、いつどこにたどり着けるかもわからない遭難状態になります。けれども風呂敷は、大きすぎると思ったら畳むことができます。自分がやりたいことをまずは大きく出してみる。これを論文執筆の第一歩として私はお薦めします。

2 「これでは論文とは言えない」～論文の形式

単なる「読み物」ではなく、論文が論文として成り立つためには、論文の形式というのを踏まえる必要があります。そうした形式のない文章は、「これじゃ論文ではなくてエッセイですね」などというコメントをもらうことになります。

「あなたの主張内容を一言でいうとどうなりますか?」

最初に思いつくテーマというのは、たいてい「～について」というような形で漠然としています。このままでは論文は先に進みません。論文の最もシンプルな形というのは、おそらく「AはBである」という構造です。それを自覚させるのが「あなたの主張内容を一言で言ってください」というコメントというわけです。

一言では済まないから何枚も論文を書く必要があるわけですが、それをあえて一言で伝えようとすることで、何が相対的により重要で、何が不要なのか、という選別が迫られます。主張内容を一言で述べることが、論文の骨組みを明瞭にしてくれます。

「この研究の仮説は何ですか?」

漠然とした「〜について」というテーマを、「AはBである」という形にまで変形するためには、問いを絞って具体的にしていく作業が必要です。そして「〜について知りたい」というテーマを「AはBであるか?」という形に置き換えることができれば、「AはBである」という論文の基本構造を導くことが可能になります。この「AはBであるか?」という具体的に絞られた疑問文が論文の仮説です。

論文という限られた空間の中で、具体的に何を知ろうとしているのか、ということを設定するのが仮説です。したがって仮説は、限定されていればいるほど明晰な論文へとつながります。

「この論文は□と△のどちらを主張したいのですか?」／「この論文はどこに着地するんですか?」

逆に、仮説がしっかりしていないと、「AはBである」という論文の基本構造を明瞭に示すことができなくなります。その結果、結論が曖昧でなんだかわからない、あるいは複数の主張に見えてしまうような論文になってしまいます。そして、上記のようなコメントをもらうことになります。

もちろん、歴史的に偉大だとされる人の論文の中には、「AはBである」とは言えないような、大変曖昧な主張をしている論文がありますし、そうであるが故に、その正当なあるいは妥当な解釈をめぐって、様々な議論が行なわれています。しかし、それらの論文は、「偉大」かもしれませんが明晰とは言えません。凡人である私たちは、まずもって明晰な論文を目指すべきでしょう。

「問いと作業方法が一致してないんじゃないですか?」

「AはBである」という構造をもう一段階現実の論文に近づけるとすれば、「AはCという根拠によってBである」という形になるでしょう。「AはBである」という主張だけでは、単なる断言でしかありません。なぜ「AはBである」と言えるのかという根拠Cが論文にとって中心部分となります。具体的には、調査や分析・考察といったものがCにあたります。

「これはもう常識になっていることです」

さて、仮に仮説を適切に設定でき、それに見合った作業を行い、その結果「AはCという根拠によってBである」という主張が見事に成立したとしましょう。しかし、ここまでやったのに論文としては意味がない、と言われてしまうことがあります。それは「あなたの主張は既に常識になっています」というコメントを受けるときです。

どんなに論理的に正確で事実に基づいた主張をしたとしても、それが既に他の人によって明らかにされていることであれば、その論文は存在する意義を持ちません。全くオリジナルな論文を書くことはおよそ不可能ですが、何かしらオリジナル部分がなければ、新たに論文を執筆する必要などないのです。

こうした批判を避けるためには、基本的なことですが、先行研究の検討を欠かすことはできません。先行研究の検討は、自分が書こうとする論文が、全て解明されてしまったわけでもなければ、かといって全て未開拓の真空地帯を突き進んでいるわけでもない、ということを知るための作業です。先行研究の適度な隙間をみつけ、それをかいくぐって進むことで、なにかしらオリジナルな論文となることができるのです。

「目次がちゃんとできないと論文は書けない」

今まで述べてきたような、「AはCという根拠によってBである」という論文全体の主張内容を、見取り図として示すのが目次(論文構成案)です。目次は、まずなにより全体の設計図であるべきです。

良い論文は目次を見るだけでその内容の骨組みを理解することができます。逆に言えば、目次がしっかりした骨格となってくれなければ、その論文が全体として何を言いたいのかわからなくなるでしょう。

もちろん最初につくった目次は、執筆の途中でどんどん組み変ります。だからといって目次を適当に書いてはいけません。その時々につくる目次は、それぞれの時点でのベストな完成予想図でなければなりません。

3 「書きたいものよりも書けるものを書いてください」～現実という制約

実際の論文は、締切りも枚数制限もある現実世界の中で、限られた知識と能力しか持たない自分自身が書かなくてはならないものです。その意味で、「書きたいものより書けるもの」というこのスローガンは、極めて重要です。「書きたいもの」がないところでは「書けるもの」すら成立しませんが、条件を無視して「書きたいもの」ばかり追いつづけるのは、結果的に何も生み出さないでしょう。

「締切りまであと△カ月しかありません」

では、「書けるもの」とは何によって規定されているのでしょうか。

まずなにより重要なのは、時間的制約です。「締切りまであと△カ月ですね」という発言は、論文執筆当事者にとってみれば、極めて冷酷な打撃です。締切りから逆算して、何をどこまでやれるのか、という目途を立てる以外に道はありません。

残された時間の中で何をすべきか、何ができるか、といった臨機応変の対応は重要なことなのです。そしてそのためには、残り時間がどれくらいか、という自覚が必要なのです。

「資料の範囲はどれくらいですか?」

そしてもう一つ「書けるもの」を規定する重要な制約をあげるとすれば、作業の労力です。論文構想へのコメントで、よく「資料の範囲はどれくらいですか?」という質問が出されます。これはたとえば、何年分の資料なのか、あるいはどのジャンルまでを扱うのか、ということで、さらに具体的に、本が何冊、ビデオが何本、インタビューは何人といった質問までされます。

論理的に完璧な論文構成案であっても、現実に作業できなければ論文にはなりません。時間的な制約や作業量といった物理的制約は、論文の成立条件でもあるのです。「資料の範囲」についての質問は、こうしたことを自覚させてくれるのです。

「同じ発表を聞かせないでください」

実際に分析を始め、執筆をするといった、具体的な研究に乗り出すことで、最初に立てた見取り図の現実性が徐々に明らかになります。だとすればできるだけ早く着手して、できるだけ早く気付いて、適切な軌道修正をする以外にありません。

最終的な論文提出の締切り以前に、自分で締切りをいくつか設定して、それを目指してできるだけ早く、少しでも多く、執筆を進めていくことはその意味で重要です。したがって、ゼミの中間発表や修論検討会といった機会は積極的に活用すべきです。

研究が進んでないので今回の発表はパスしたい、という人がいますが、私はこうした姿勢には賛同しません。どんなに研究が進んでいなくても、発表をパスしたり以前と同じ発表でやり過ごそうとはせず、少しでも前に進めようとしたものを発表することは無意味ではありません。その場では結果的に「同じ発表を聞かせないでください」とやっぱり言われてしまうかもしれませんが、その小さな一歩が、締切り直前に大きな意味を持ったりもします。

4 「言いたいことが伝わらなければ、その全責任は書き手側にあります」〜表現の技術

どんなにしっかりとした骨組みをつくっても、文章表現が未熟であれば、意図した内容は読み手に伝わりません。そしてきちんと読み手に伝わらなければ、今までたどってきたような論文執筆の苦労も水の泡となります。「言いたいことが伝わらないのは全て書き手の責任」という上記の言葉は、極端な想定ではありません。しかし、誤読の可能性をできる

だけなくすよう、適切な表現を目指すことは書き手の義務でしょうし、仮に誤読が生じたとしてもそれで困るのは全面的に書き手の側なのです。

「これを読んだだけでは、何を言いたいのか分かりません」／「make sense しません」

必要な情報が文章で書かれていないということは、何が必要な情報であるかということを本人がわかっておらず、ひとりよがりな文章になってしまっている、ということです。当たり前のことですが、文章を読むだけで自分の言いたいことがきちんと他人に伝わるようにしなければなりません。

「これは誰の概念（主張）ですか？　あなたの造語（主張）ですか？」

もし誰かが既に主張していることを、そうと知りながら特に出典を明記せず自分の主張として取り込んでしまえば、それは剽窃と呼ばれます。逆に、自分の勝手な考えを他人の言葉として記せば、捏造ということになります。

「これは誰の概念なのか？」という質問は、何かを主張しえたかのような雰囲気に浸っている執筆者を、現実世界に引き戻します。たとえば、造語することで何か議論を先に進めたような気がしている場合には、それが定義されていない勝手な造語でしかないことを自覚させることで、議論は進んでおらず曖昧になっているだけだということを気付かせてくれるのです。

「この概念は「△△」や「××」とはどういう関係にありますか?」／「これを英語で言うとどうなりますか?」

概念の曖昧さを解消するという点で言えば、上記のコメントも有益です。

論文においては、自覚的に概念の意味を確定していく必要があります。

基本的に、ある概念は他の概念との関係の中で意味を持ちます。これは専門用語であっても同じ事です（むしろ、より人工的にそうされています）。たとえば「大衆」という語は、マルクス主義の革命運動の文脈では、「前衛」概念と対になっています。しかし、大衆社会論の文脈では、「大衆」は「市民」概念と対比されることになります。一方、大衆文化論では、「大衆」は「庶民」などといった概念と近く、「エリート」と対立するものとして用いられます。

ある概念の類義語や対義語を自覚することで、その概念をどのような意味で用いているのか、を再確認することができます。

また、その概念を英語で言い換えようとすることも、同じような効果をもちます。「英語で言うとどうなるか？」という質問は、英語で表現した方が正確だ、などという英語崇拝を決して意味していません。そうではなくて、日常的な語感に頼って概念の意味が曖昧になってしまう時に、あえて「外国語」へと翻訳することで、ある概念とその裏に広がる他の概念との関係を自覚的に捉えなおそうとしているのだと見るべきでしょう。

5 「学問は真理のためではない」〜学問という政治

以上述べてきたことで、論文と呼べるものは一通り書けるようになるでしょう。したがって、ここまでで「論文の書き方講座」を終えてもいいのかもしれません。しかし、上野ゼミにおいては、さらにその先の問題についても無視することはできないと私は思います。それは、書かれた論文が一体何をもたらすのか、という問題です。

学問も、そして論文も、決して政治的に中立ではありません。そのことを一体どれだけ踏まえることができるか、という難しい問題が最後に残るのです。

「So what?」

テーマはきちんと設定され、仮説もあり、それがちゃんと検証されて主張がなされています。その主張はオリジナルなものであり、文章も明晰です。要するに、今まで述べてきた「論文の書き方」を全てこなしたような論文があったとします。にもかかわらず、そうした「完璧」な論文を批判できる恐ろしいコメントが存在するのです。

「だから、何？」

外形的にどれだけ論文の形をとろうとも、その論文を書くことの意味が伝わらなければ、結局評価してもらえません。もちろん、論文の形式を整えるだけでも、大変なことですし、そうしただけでそれなりに業績になったりすることもあるでしょう。しかし上野ゼミではそうしたことは意味を持ちません。その論文を書くことで何がしたいのか、ということが問われることになります。これは、冒頭の「志は高く持ってもらいたい」というコメントへと円環的につながっていく問題です。つまり、単に論文という形を仕上げるだけではダメだということです。

「この論文を〜が読んだらどういう反応をするでしょうか?」

論文を書くということが一つの政治的実践である以上、自分を含めたそうした政治の当事者たちにどういう効果をもたらすのか、ということは無視できないことです。そして、ある人々に対してその論文が否定的な効果をもたらすことがしばしばあります。

書かれた論文を「当事者」が読んだときにどう反応するであろうか、それに対して自分はどうすべきなのか、ということは、忘れてはならない問題です。

そしてこうした論文の効果という問いは、先にも触れたように、冒頭に述べたテーマ設定の問題へとつながっていきます。自分は何をしたいのか、ということから始まったテーマ設定が、論文という形をとることで引き起す効果。その効果の想定が、再び自分自身の問題関心を修正していくことになるでしょう。

6　おわりに

上野ゼミで文献報告をする場合、文献の要約は原則として求められず、コメント（のみ）が意味を持ちます。論文の内容を理解することは当然の出発点に過ぎません。ゼミでその当然のことを発表しても意味がないのです。内容を読解したうえで、いかにその論文を批判的に吟味できるか、こそが重要なのです。論文に必要なのは、冷静な考察や分析であって、何が妥当で何が妥当ではないのか、ということを冷静に見分ける力が必要です。それゆえ、批判的検討という姿勢は重要なのです。

未熟者である私たちは、先行研究に学び、教員に学び、それらの「指導」をどんどん吸収する必要があります。そしてそれらを聞き入れた上で、なおかつ、先達の「信者」ではなく批判者となるべきだと私は考えます。だから、この「論文の書き方」レジュメも、是非一度は熟読していただき、なおかつその上で、批判的に眺めていただければ幸いです。

＊　＊　＊

†上野ゼミのDNA

引用しながら思わず笑ってしまいました。学生はよく見ているものですねえ。

わたしの記憶から脱けているのは「締切りまであと△カ月しかありません」というせりふ。教師にとっては何でもなくても、学生や院生にとっては絶体絶命の恐怖を覚えるせりふでしょう。なにしろ卒論、修論の締切りに一時間でも遅れると、留年確実ですから。そういえば教師が学生に挨拶代わりにかけることばは「論文、どうなってるの?」このことばを聞くのがイヤさに、研究室を避ける学生までいます。が、教師とは、編集者と同じく、イヤがられてなんぼ、のしごと。そのうち、こう問いかけてもらえなくなったら、もうその学生に未来はありません。

自分でもよく覚えているのが「So what?(で、何やねん?)」。これはちゃぶ台返しのせりふです。オマエの研究は、いったい誰のための、何のためのものなのか? 長ったらしい研究報告を聞いた後に、このせりふが出てきたら致命的です。

何度でも言いますが、研究もまた宛て先のあるメッセージ。松井さんが「論文の書き方」講座の冒頭に、「志は高く持ってもらいたい」というわたしの発言を引用し、最後に「So what?」を引いて再び学問の「志」に言及してくれたのは、ほんとうにうれしいことです。こうやって上野ゼミのDNAは伝わっていくのでしょうか。

Ⅵ

読者に届ける

16　口頭報告をする

†プレゼン能力が大事

自分が何をなしとげたかを他者にプレゼンする能力は、ますます重要になっています。

英語ではメッセージの提示をプレゼンテーションpresentation、それを聴衆に届けることをデリバリーdeliveryと言います。どんなメッセージも聴衆に届いてなんぼ。研究の最終的なアウトプットは、他人に届ける、ことにあります。論文を公刊するのも同じ。刊行物をさすパブリケーションpublicationという用語は、もともと「パブリックにするpublicize」から来ています。自分の知的生産物を他の人々とシェアして公共財にする……それがパブリケーションの意味です。そうやってあなたの研究成果は、アカデミック・コミュニティの財産目録に追加されます。

情報生産のアウトプットは、言語的な生産物です。それには、口頭と文字のふたつの媒体があります。口頭によるアウトプットを oral presentation と呼びます。研究は最終的には文字媒体によるアウトプットが求められます。それが論文というものです。AV記録媒体のない時代には、口頭報告は消えてなくなるものでした。今日では口頭報告も記録媒体によって何度でも再現可能ですが、アウトプットに文字媒体が優先される事情に変わりはありません。「作品」はあくまで文字で書かれたもの。ですから学界では業績のポイントとして、著書や論文の点数を、学会や講演会での口頭報告の回数よりも重視します。

文字媒体で記録された情報が保存されているところが、図書館です。いまのところ、紙に墨やインクをなすりつけて文字を記した記録以上に、一千年以上の時間に耐えて保存性を持つものは発見されていません。デジタル媒体はディスクが劣化するでしょうし、それより解読ソフトが次々に陳腐化して、読み取れなくなるでしょう。どれだけ情報がそこに含まれていても、解読できなければタダのゴミ。デジタル媒体が登場してからまだ一世紀未満。一〇〇年を超す耐用年数があるかどうかは、検証されていません。公刊物の最終目的地は図書館。そこでデッドストック（死蔵品）にならずに、ときどき寝た子を起こしてもらって読んだり引用してもらったりする……のが、論文の願いです。

†時間資源は稀少だ

文字による表現と口頭による表現とは、異なるスキルを要求する、そして今日の情報生産者にはどちらの能力も必要だから、ふたつの能力をそれぞれ身につける必要がある、と言ってきました。本章では、そのうち口頭報告のスキルについてお話ししましょう。

言語による表現は、時間という変数のうえに成り立ちます。時間資源の配分を読者がコントロールできる文字媒体と違って、口頭報告の時間資源は報告者の統制のもとにあります。したがって口頭報告にとってもっとも重要な留意点は、時間管理です。時間は誰にとっても一日二四時間しかない、限られた稀少資源です。ましてや学会のような口頭報告が目白押しのところでは、時間資源を報告者のあいだに分配しなければなりません。一報告あたり一五分から長くて二五分、二〇分程度が標準です。その二〇分のあいだに、問いの設定から、対象と方法、論証、発見、結論までを示さなければなりません。六〇分あれば六〇分で同じことを、九〇分あれば九〇分で同じことをやるだけです。時間が長くなれば多少は情報量が増え、論証が緻密になるかもしれませんが、基本は同じことです。持ち時間が長くなれば、かえって話が冗長になるだけかもしれません。

この二〇分間で初めから終わりまで論じきる口頭報告に慣れておくと、三〇分や四〇分の持ち時間に余裕を感じるようになるでしょう。海外での講演は、招待講演や基調講演でもせいぜい四〇分程度。四〇分の時間配当は、講演者が特別扱いを受けていることの証です。それに比べると日本の講演の標準は一時間から一時間半。話芸を楽しむにはよいかもしれませんが、時間が長くなったからといって、情報量がとたんに増えるというものでもありません。

ちなみに大学の授業の一コマは九〇－一〇〇分、義務教育は四〇－四五分です。九〇分はほぼひとが集中力を保てる時間の上限と言われています。小中学生の集中力はその半分しか続かないとも。九〇分授業に慣れていると、四五分はいかにも短く感じるものですが、四五分あればけっこうな情報量が話せます。それどころか最近では民放のCMタイムに合わせて、一五分おきにスウィッチを切り替えないと子どもが保たない、という先生もいます。そういえば世界的に有名なスピーチのコンテスト、TEDの持ち時間は一五分。それで聴衆を泣かせたり、笑わせたり、感動させたりしているのですから、一五分とは、ひとまとまりのメッセージを伝えるには十分な長さと考えるべきでしょう。

上野ゼミでは時間管理を徹底していました。タイマーを用意して（どこにでもあるキッチンタイマーです）、研究計画書や目次はプレゼン五分にコメント五分、修論や博論の報告はプレゼン二〇分にコメント二〇分。キッチンタイマーはけたたましい音を立てて、報告者に警告します。研究計画書のプレゼンに五分以上を充てないのは、研究計画書とは、これからこんな主題を、こんな対象と方法で研究するよ、というアドバルーンに当たるからで、この部分はまだ研究が始まっていない人にもいくらでも言えるからです。肝腎の研究のコンテンツ（論証や発見）はその後に来ます。だから通常の学会報告では、「はじめに——問いの設定、対象と方法の選択」で五分、本論で一〇分、結論で五分、計二〇分で初めから終わりまでを駆け抜けるには、「はじめに」に五分以上を充ててはなりません。大学院生クラスの学会報告のなかには、研究計画書にあたる部分をえんえんと述べ続ける発表もあって、早く本論に入ってくれよ、と思ううちに時間切れになります。こういうリサプロ（リサーチプロポーザルの略語）レベルの学会報告をいくつも聞かされると、うんざりして時間を返してくれ、という気分になります。

報告とコメントや討論の時間はほぼ一：一の割合になるように配分しました。クラスの時間資源をひとりあたり四〇分も配当されるのは院生だからこその特権です。その四〇分のうち三五分までをプレゼンに使ってしまえば、コメントをもらう時間やディスカッションの時間がその分少なくなります。ゼミは切磋琢磨の場。報告を優先すれば、自分のアイディアが鍛えられる機会も逸することになります。

上野ゼミでこんなことがありました。わたしはアメリカ流に、授業をオンタイムに始め、オンタイムに終わるようにしました（終了のほうはそうとも限りませんでしたが）。ある日、予定されていた報告者が予告なしに遅刻しました。そのあいだ、およそ二〇分、わたしを含めて二〇人あまりの参加者がひたすら報告者の到着を待ちました。息せききって駆け込んだ報告者が、「先生、すみません」というのに、わたしはこう言いました。「謝るならここにいるみんなに謝りなさい、あなたは二〇人×二〇分の貴重な時間資源を浪費したんです」と。ぐっと詰まったその学生は、涙を流して全員に謝りました。上野ゼミは学生を泣かす、とウワサが立っていましたが、これは実際に学生を泣かせたケースです。

†口頭報告にはごまかしがきく

さて二〇分で自分の研究成果をデリバリーする……ことはできるでしょうか。

実は論文を書くよりも口頭報告のほうがずっと簡単です。なぜなら、口頭報告では、ごまかしがきくからです。二〇分の時間資源だと、論証は粗くなりますし、エビデンスの提示も少なくなります。時間は後には戻りませんので、パワーポイントでぱっと場面転換してしまえば、その間に論理の飛躍があったとしても、書かれた論文なら後に戻れるのに、口頭報告では何となくごまかされてしまいがちです。人の記憶はあいまいでいいかげんなものですから、最初に聞いたことは、中程になれば忘れています。フィニッシュがきれいに決まれば、ふーんと感心されたりします。

事実、流れるように華麗な口頭報告をした学生が、いざ文章を書き出してみると、至るところでつまずく例を見てきました。口頭報告ではごまかしがきいても、論文ではそういうわけにいきません。書かれた文章なら、読み手は何遍もくりかえし読むことができるし、立ち止まることも後戻りすることもできます。

口頭報告の目的は、自分がこんな成果を挙げたと自己申告すること。そしてほんとうの成果物である著書や論文に、読み手を誘導することです。ですから、本の著者としては、何年もかけて書き上げた本の内容を、一時間の講演で話してくれ、と言われるほど、むかつくことはありません。講演を聞いて「読んだつもり」になられるより、やっぱり身を切り刻んで書いた文章のほうを、きちんと読んでほしい、と思います。

†パワポの功罪

口頭報告のツールはここ数十年のうちに技術的に進歩しました。今やパワポなき講義は講義にあらず、と言ってもよいくらいです。理系では授業のAV化は早くから進んでいますし、文系でも例外ではありません。わたしが東大を退職した二〇一一年当時、周辺の文学部教員に聞き込みをした限りでは、授業にパワポを使う教員がおよそ半数。使わない教員は少数になりつつありました。

わたしは講演にパワポを使っています。今やパワポなしでは講演できなくなっていますが、それにしてもパワポには功罪共にある、と思わないわけにいきません。

映像の伝達力は偉大です。音声だけを便りにメッセージを聴衆に伝えようとするより、音声を文字変換したり、黒板に書くはずだったモデルを図示したり、統計数値を図表化したり、そこに動画や音声が加われば、強力なメッセージが伝わります。まだパワポがなかった頃。授業には統計や図表、引用などを切り貼りしてコピーし、配付資料を作っていました。それからOHP（オーバーヘッドプロジェクター）が登場し、スライドがやがてパワポになりました。そして今では動画やアニメーション、音声もとりこめるようになっています。

ですが、代わりに登場したのがパワポ依存です。パワポにあることは逐一その順番で話さないとならないようになりましたし、反対にパワポにないことは話しにくくなりました。またパワポの時系列に縛られて、臨機応変に話の流れを変えることもむずかしくなりました。その効果は、パワポに書いてあるように、次の話を、話し手自身が予期するようになったことです。

限られた時間資源をきっちり使ってムダのないスピーチをするためなら、完全原稿を事前に準備しておいて、それを読み上げる、というスタイルがいちばん完璧でしょう。OHPやパワポでその方式を採用するひともいます。完全原稿を文字情報として画面にアップしておいて、それを読み上げるというやり方です。外国語で講演するときなどには、こういう読み上げスタイルがしばしば採用されます。最近は障害者の情報保障に要約筆記という同時的な文字起こしがありますが、わずかな時差を伴うだけで、音声と文字をほぼ同時に提供するという点では同じかもしれません。ですが決定的な違いは、事前に準備した読み上げ原稿の場合は、話し手も聞き手も、次が予期できるということです。そしてコミュニケーションにおいてこの予期ほど、関心を削ぐものはありません。

大阪大学のコミュニケーションデザインセンターで演劇を通じてのコミュニケーション論を教えていた平田オリザさんが『下り坂をそろそろと下る』〔平田2016〕のなかで卓抜なコミュニケーション論を展開していました。発話に人が惹きつけられるのはなぜか？一瞬の淀みや詰まりに、聞き手は予期を空白にして向かいあわなければならなくなるからだ、と（正確には覚えていませんが、概略このような趣旨の内容でした）。ですから「立て板に水」のような「雄弁」は、実は雄弁とは言えないのです。

数年前にマイケル・サンデル教授の「ハーバード白熱教室」が話題を呼んだことがありました。わたしも番組を見ましたが、驚いたのはかれがパワポを一切使っていなかったこと。聴衆との「対話」という学問の原点ともいうべきやりとりのなかで、彼はメッセージを伝えていました。長時間の授業は長さを感じさせず、聴衆は前のめりになって耳を傾けていました。教室は緊張感にあふれていました。なぜなら……次に何が出てくるか、誰にも予期できなかったからです。

そうか、パワポがなくてもこんな授業ができるんだ。わたしはサンデル教授に学ぼうと深くうなずいたものです。

†ライブと対面性

パワポが進化すると、見るも華麗な操作でアニメーションや音声を取り入れたプレゼンをする学生も登場します。ですが、そういうプレゼンに限って、なんだかだまされたような気がするものです。あれよあれよと話が進んだが、ほんとにそうだったのかな、と。

ＡＶ媒体が進化すれば、何も口頭のプレゼンなどというロウテクな手段を使わなくても、二〇分のＶＴＲを編集して見せたらよさそうなものです。最近の若い講演者のなかには、かねて用意のプロモーションビデオを、そのまま会場で放映するひともいます。たしかに編集された映像コンテンツはよくできていますが、そのたびにわたしは「もったいないなあ」と感じます。せっかくその場に本人がいるのに、その本人の肉声が聞こえてこないなんて、と。

最強のコミュニケーション・ツールは、何といってもメッセージの送り手の身体的な現前性 presence です。その時・その場を共有するというライブ感と対面性が、コミュニケーションの原点中の原点です。プレゼンとは、まことにわたし自身のプレゼンであるのです。

そして口頭報告は、そのコミュニケーションの一形式にほかなりません。研究会やゼミが重要なのは、そのライブ感と対面性があるからです。そのような場では、口頭報告は準備した以上のメッセージを伝えてしまいますし、聴衆は予期せぬ反応で応じます。いつもというわけではありませんが、わたしがライブの講演を好きなのは、あれれ、わたし、こんなことまで言っちゃってるぅ、という「K点」(1)を越えるような発言を、その場が引き出すことがあるからです。話しながら、そうか、そうだったのか、と自分で気づいたり、なるほどこれとこれとはこうつながっていたのか、と腑に落ちたり。役者が同じ台本で芝居をしながら、客席とそのつど一回性の一体感を味わうときの高揚感に似ているかもしれません。

ですから、どんなにコミュニケーションテクノロジーが発達したとしても、放送大学やeラーニングは、ライブの授業やセミナーに完全に置き換わることはないだろう、というのがわたしの確信です。大学の少人数のゼミナール形式は、昔も今も、もっともぜいたくで豊かな教育環境というべきでしょう。

†ライブはおもしろい

それだけでなく、わたしは講義や講演よりも質疑応答の時間のほうがずっと好きです。講義や講演では自分があらかじめ知っている以上のことはめったに得られませんが、質疑応答では、予期せぬやりとりがもたらされます。もちろん聴衆の反応のなかには、前章で述べた内在的コメントと外在的コメントの区別のように、応えるべき問いと応じる必要のない問いとがあります。神ならぬ身に、すべての問いに答えなければならないという責任を引き受ける必要はありませんから、愚にもつかない質問はスルーすればよいのです。

スルーの仕方にも芸があります。いちばん簡単なのは、問いには問いで返すこと。

「そうおっしゃるあなたご自身のお考えはいかがですか？」

こんな芸もあります。

「マルクスは、問いはその問いを立てた者によってもっともよく考え抜かれている、と言いました。今の問いは、あなたご自身がもっともよく考えておられるでしょう。わたしに聞くよりご自身で答えてみてください」

「介護保険はこれからどうなるんですか？」といった八つ当たりのような質問には、「今の質問はわたしにではなく、政府に言ってください」と答えればいいのだし。

　ですが、肺腑に響くボディブロウのような指摘や、急所を突く直球のような質問には、真摯に向き合いましょう。そこにはあなた自身のホンネや、成長のタネが仕込まれているかもしれません。

　講演の場ではありませんが、忘れがたい記憶があります。「いのちの授業」を実践していた高校教師、故山田泉さん［2007］と対面したときのことです。再発ガンで末期を宣告されていた山田さんは、痛み止めを打ちながらわたしに会いにきてくれました。その時彼女は、数カ月先の講演を引き受けるかどうかで迷っていました。先方に迷惑をかけるかもしれないし、とためらいを見せる彼女に、初対面のわたしは、「引き受けたら」とすすめ、次のようなことばを口走っていました。「生きるのに、遠慮はいらないわよ」……そしてそれを口にした自分に、びっくりしました。待ったなしの、後のない一回性のライブの現場で、わたしは自分の肺腑からことばを絞り出していたのです。

　そうか、そうだったのか、わたしはこれが言いたかったのよ……ことばはそのような場に、ライブで生成します。それは話し手にも聞き手にも、予期を超えるものをもたらします。

コミュニケーションとは賭けだ、と言ったひとがいます。差し出したものを相手が受け取るかどうかはわからない。差し出したものとは違うものを受け取るかもしれない。差し出した以上のものを、受け取ってもらえるかもしれない。足場のない未来にそのつど踏み出すという行為がコミュニケーションなら、発話はその基本の「き」ですし、そのために貴重な時間資源を与えられるというプレゼンの機会を活用しない手はありません。そしてその口頭報告の一回性と対面性を通じて、はっとした気づきが生まれ、あなたの研究はヴァージョンアップしていきます。多くの著作に、対話やコメントを交わした同僚や聴衆への謝辞が書かれているのはそのためです。

注

（1）ドイツ語でKritischer Punkt。スキーのジャンプ競技でそれ以上飛ぶと危険な極限点をいう。

17　メッセージを届ける

✝どうやって届けるか?

　さて問いを立て、データを収集し、それを分析し、発見と課題を見いだし、論文を書く……ここまでやれば、研究は終了、と思っている方が多いかもしれません。ですが最後に大きな仕事が残っています。それはメッセージを届けるというしごとです。誰に、何を、いかなる方法と媒体で、伝えるか？　いくらコンテンツをつくっても、読者に届いてなんぼ。それを忘れている研究者が多すぎます。

✝単著を刊行する

論文を刊行することを、パブリケーション publication といいます。もともと「パブリックに（公開）する publicize」から来ていることは説明しました。どうやって公開すればいいのか？　その際に、メディア（媒体）が問題になります。少し前まで、研究者は自分の業績が「活字になる」と言ってきました。今から思えばまことにロウテクな表現です。いまどきの読者には「活字」とは何かが、もうわからないでしょう。活字が印字に代わり、活版印刷がワープロ印刷に代わっても、印刷メディアのハードルの高さはあいかわらずです。何より紙という資源を使いますし、そのため分量にも制約が生まれます。限られた紙面の何頁かを占めることができるかどうかは、これもまた限られた者たちの特権でした。

それだけでなく、世間では印刷メディアの凋落が著しく、本も雑誌もなかなか売れません。研究論文をパブリケーションにするハードルは、若手研究者にとっては、ますます上がっていると言ってもよいかもしれません。単著が一冊あるかないかは、若手研究者にとっては死活問題ですが、人文社会科学系の学術書を出してくれる出版社はどんどん少なくなりました。

九〇年代半ばから進行した大学院重点化は、多くの点で失敗した政策だと思いますが、たったひとつ、よかったことがあります。それは学位の取得がアカデミックライフの到達点ではなく出発点になったために、学界にデビューする時期の若手の研究者が、もっとも生産性の高い年齢に、質量ともにがっつりした学位論文を次々に書くようになったことです。もちろん大学や分野によってばらつきはありますが、学位認定権を授与された大学は、それなりのクォリティ・コントロールを行ってきました。そのために彼らが代償にしたものも少なくありません。学位論文が書けないために就職できない、学問上の生産性の高い年齢と出産、育児の時期とが重なっているために私生活にしわ寄せが来る、など。

今では中堅の社会学者として押しも押されもしない位置を占めるに至った小熊英二さんは、きわめて幸運な例でした。出版社勤務から脱サラして進学した大学院での修士論文が、そのまま『単一民族神話の起源』［1995］という大著になり、その後に書いた博士論文がそのまま『〈日本人〉の境界』［1998］という大部な単著になりました。前者は四六版四六四頁、後者はA5版七九二頁の大著で、お値段のほうもそれに応じてお安くはありませんが、どちらも再版が出る売れ行きで、版元にとっても決して損はなかったと思います。

しかし、無名の新人の学位論文、しかもコストのかかる大著をそのまま刊行することには、リスクが伴います。かつて人文社会科学書の読書人口はほぼ三〇〇〇人、初版三〇〇〇部を売り切れば採算はとれるといわれたものですが、この人口は激減し、分野によっては初版三〇〇部などという場合も珍しくありません。部数が少なければ、追っつけ値段が高くなり、高いとますます売れない、という悪循環に陥ります。優れた学位論文だと思っても、刊行を引き受けてくれる版元は少なくなりました。たとえ部数が三〇〇部であっても、単著があること、しかも学位論文をもとにした単著があることは強みです。事実、学位論文のなかには、読者数が期待できなくても、その専門分野で無視できないランドマークとなるような、貴重な業績があります。

小熊さんの著書を刊行した新曜社は、数少ないそういう出版社のひとつです。上野ゼミの関係者では、福岡愛子『文化大革命の記憶と忘却』[2008]、佐藤雅浩『精神疾患言説の歴史社会学』[2013]、野辺陽子『養子縁組の社会学』[2018]で、お世話になりました。これらは修士論文や博士論文を、ほぼそのまま単著にしたものです。福岡さんは初めての単著で、その年度の第二五回大平正芳記念賞を受賞しました。担当編集者の渦岡謙一さんの力がなければ、これらの本は世に出ませんでした。

†一般読者に届ける

学位論文がそのまま単行本になるのは、きわめて幸運な例です。通常、四〇〇字詰め原稿用紙六〇〇枚以上、本にすれば四〇〇頁を超える単著を出してくれるところはそうそうありません。したがって多くの出版社は、著者に書き換えを要求します。そこで本のコンセプトはがらり、と変わります。

定価を抑えて部数を増やすには、専門書ではなく一般読者向けの本にしなければならない、そうなれば文体も構成も変えなければなりません。なにより、長さを二分の一から三分の一に圧縮しなければなりません。この要求に応えるのは容易なことではありません。ほとんど学位論文を一から書き直すほどのテマとエネルギーが必要になります。わたしの学生のなかには、七転八倒して追い詰められ、メンタルをこわすほど苦しんだひともいます。学位論文はどんなに長くても指導教員から文句が出ることはありません。反対に長く書けば努力賞ものと見られることもあります（もっとコンパクトに書けるだろ、とツッコミを入れたいことはしばしばですが）。ですが、その長たらしい論文を読むのは、教員にとってははっきり言って苦行です。学生の論文を苦行に耐えて読んでくれるのは教員だけで、なぜならそれが教師のしごとだからです。

一般読者をターゲットにするからといって、けっして読者をあなどってはいけません。やさしく書くこととレベルを下げることとは違います。つねに自分にとって最良の読者に宛てて書くつもりでいてください。「コメント力をつける」の章で述べたように、「しろうとにわからないことは、くろうとにもわからない」のですから。むしろ前提を共有しないしろうと読者に向けて書くほうが、ずっとスキルを要求するかもしれません。

本を読んでもらうとは、他人の時間を奪うこと。わたしは今でも自著を献呈するときには、いささか気のひける思いをしますが、それというのも相手から貴重な時間を奪うほどの値うちが、自分の本にあるだろうかと自問するからです。だから、自分の言いたいことを、簡潔に、そしてわかりやすく伝えるように努力することは大事です。

そして、その努力は必ず報われます。学術論文や専門書の読書人口はせいぜい一〇の二乗からいいところ三乗のスケール。それが一般書になれば、もう一桁、読者の裾野が広がるかもしれません。たとえ部数が増えなくても、そこであなたは、まだ見ぬ読者に遭遇するかもしれません。

その例のひとつが第11章で言及した一宮茂子さんの著書『移植と家族』［2016］です。長い間生体肝移植という先端医療の現場で看護師として働いてきた著者が、自分の人生の総決算を賭けて書き上げた労作です。医学専門書として出版すれば、おそらく売れもせず評価もされなかったかもしれません。というのも看護師の一宮さんは、医者が関心を持つ患者にではなく、取り残されたドナーのその後を追いかけたからです。二〇年以上にわたる長期の取材は、家族関係の細部に立ち入り、患者の生死に還元されることのない、ドナーが侵襲性の高い生体臓器移植という治療法を「やってよかった」と思えるか思えないかの分岐点を示して、医療現場に強い反省を迫るものでした。一宮さんの著書は、移植治療を迷う多くのドナーやレシピエント、さらに長期にわたる患者および患者家族と専門職との関係について、実践現場からの示唆を与えるものになりました。ただし、そのために編集者から出された条件が分量を半分に減らすこと。彼女は心身の不調を来すほどに苦しみ抜きました。博論を書く苦しみのあとに、もうひとつの苦しみが待っているとは思いもよりませんでした、と。

最近では修士論文がそのまま新書になる例が増えました。修士論文は八万字から一六万字、新書にちょうどよい分量です。それに新書は今や消耗品。ちょっとおもしろみのあるテーマなら、編集者が食いついてくれます。中野円佳さんの『「育休世代」のジレンマ』[2014]はその例ですし、他にも新雅史『「東洋の魔女」論』[2013]、澁谷知美『日本の童貞』[2003/2015]なども、修士論文が新書になった例です。

修論がそのまま単行本になるなんて、シンデレラ・ボーイ&ガールのように思われるかもしれませんが、わたしは必ず彼らに警告します。いったん修士論文を刊行したが最後、博論のハードルは確実に上がります。すでに書いたことはもはや使えないからです。学位論文は修士論文の延長上に、それを統合してヴァージョンアップしたものを書くのがいちばん効率的ですが、修論をいちどアウトプットしてしまうと問いを立て直さねばならず、五年で書くはずの学位論文を、後期課程の三年で書き上げなければならないというプレッシャーを自らに課すことになります。

アウトプットには魔力があります。一度アウトプットしたものを、ふたたび書き直すことはきわめて難しく、早めに自分の研究成果をアウトプットすることには、成熟を待たずに果実を収穫するようなリスクが伴います。刊行のチャンスがあればあるほど、逆に成果物は未熟なまま産み落とされがちになります。概念を concept と呼ぶのはもっともなこと。concept の語源は conceive（孕む）から来ていますし、conception とは、ずばり、受胎を指します。なぜならアイディアというものはふところに抱いて温めながら、熟すのを待つものだからです。わたしは出版の機会に恵まれましたが、今から振り返っても悔いが残るのは、大きく育つはずだったアイディアのいくつかを、未熟児のまま産み落としてしまったことでした。未熟児だって五臓六腑がそろった完成品。いったん早産してしまえば、人間の子どもとは違って、それ以上は大きくならないのが研究です。
だからこそ、孕んで熟すのを待つ……ことも、研究には必要なのです。

18　プロデューサーになる

†印刷メディアか電子メディアか

　今日の書き手にとっては、情報テクノロジーの変化にどう対応して、メッセージを発信する自分にとって最適の媒体を選択するかが課題になりました。最近は印刷メディアに加えて電子媒体が登場しましたから、メッセージの送信にも受信にもハードルが低くなりました。大学でも情報公開の要請が強くなり、とくべつの事情のある場合を除き、学位論文はネット上で公開、オープン・アクセスができるようになっています。学位論文は全文ダウンロードもできますし、オンデマンド出版もありますから、昔のようにつてを頼って入手し、全文コピーするようなテマをかける必要はなくなりました。学位論文に著作権はありますが、そこから使用料が発生しないのは、知財の特許申請や商標登録がある場合を除いて、学知は公共財だからです。

最近では自分の論文や学位論文を全文、自分のブログやHPにアップするひとも出てきました。アマゾンが書籍の電子化を図ったときに、日本ペンクラブの一部の会員は著作権訴訟を起こそうとしました。わたしにも呼びかけが廻ってきましたが、わたしはそれに同意できませんでした。もちろん原稿料や印税収入を生活の糧にしている書き手にとっては、死活問題かもしれません。わたしがこんなことを言えるのも、大学教員という給与生活者の身分で、原稿に生活がかかっていないから、と言われてもしかたがないでしょう。でも、世の中にはたとえタダでも自分のメッセージをより多くの読者に届けたいと願うひとびとがいます。そしてそれは書き手にとって、自然な感情だとわたしには思えます。自分のメッセージに対価を求めるひとびとは、無償でそれを差し出すひとびととも競合しなければならないのです。いたずらに高いハードルを設けることにどんな意味があるでしょうか?

†私有財・クラブ財・公共財

財には私有財とクラブ財、公共財があります。知財も同じです。財は通常、移転や分割をすれば元の財が減りますが、知財だけはそうなりません。いくらでも複製が可能で、複製しても元の価値は減ぜず、しかも共有の範囲が広ければ広いほど価値が上がる場合もあります。

私有財と公共財の中間にクラブ財というものがあります。限られた範囲の人々にだけアクセス権のある共有財のことです。書物はいわば、代金という会費を払った人だけがアクセスできる会員制のクラブ財と考えることができます。ですから著作権者や出版社が、新刊が図書館に出回るのに不快感を持つのも無理はありません。図書館で新刊を借りる人が、会費を払わないでクラブ財にアクセスするフリーライダーに見えるからです。特定の集団の名簿やインサイダー情報なども、クラブ財に当たります。こういうクラブ財は、オープン・アクセスができて公共財になるとそのねうちが低下します。情報格差から利益が発生するからです。

ですが、わたしたち情報発信者になりたい者たちにとって、情報は私有財、クラブ財、公共財のどれでしょうか。私有財なら押し入れライターよろしく原稿を櫃にしまっておけばよいですが、それでは情報生産をしても発信者にはなれません。読者に届いて消費されない情報は、無価値です。クラブ財であるためには、あなたの情報に対価を支払う一定のひとびとの存在が必要です。ところが情報というものは、消費してみるまでそれが何かわからないという性格を持っています。その品質を保証するのは、著者のブランドか、書評という名の紹介者の威信などの周辺情報だけです。それを信用して読んだあげく、「使った時間とおカネを返せ」という気分になった本は、少なくありません。作家やライターのようにそれで生計を立てたいと思うのでなければ（実際には原稿料や印税収入で生きていくのは至難のワザです）、むしろ自分の生産した情報を、無償でもいいから、できるだけ多くの読者に届けたいと思う書き手は多いでしょう。

その点で感心したのは、ノーベル文学賞受賞作家、スヴェトラーナ・アレクシエーヴィチが、自分の作品をロシア語とフランス語で全文ＨＰにアップして、公開していることを知ったときです。ついでに英語版と日本語版もアップしてほしいものですが。

現在の著作権法では著作権者の死後五〇年で著作権フリーになることになっています。一九九四年以降にサン＝テグジュペリの翻訳ブームが起きたのも、彼の死後五〇年に当たっていたからです。ＴＰＰが発効すればこの著作権の有効期限はさらに延びて七〇年になります。延長するよりむしろ短縮して、二次創作なりなんなり、自由に表現活動の素材にしてもらうほうが、文化的に活性化してよいでしょうに。

わたしが理事長を務める認定ＮＰＯ法人ウィメンズアクションネットワークのウェブサ

イトにはミニコミ図書館があります。そこには草の根の女性運動を支えてきたミニコミが電子化されて収蔵されています。『資料日本ウーマン・リブ史』全三巻〔溝口・佐伯・三木編1992-95〕は編者と版元のご厚意で全巻無償で公開されていますし、ミニコミの古典、森崎和江さんらの『無名通信』も、ご本人の同意を得て一九五九年の創刊号から公開されています。知る人ぞ知る、限られた人たちのあいだでだけ流通していた貴重な情報が、こうやって公共空間の共有財になりました。他の財と違って情報財だけは、いくら複製しても元の価値が減らないばかりか、かえって価値が増幅するというふしぎな財なのです。

†媒体を選び分ける

印刷媒体には自費出版の同人誌、査読付きの学術ジャーナルから査読なしの投稿誌、研究会誌や団体のミニコミなど、多様な選択肢があります。それぞれに応募の資格や条件、それに求められるクォリティ、分量の制限や書式の制約があります。それだけでなく、専門読者か一般読者か、業界人か等によっても性格が変わりますし、求められる文体やスタイルも違ってきます。ですから、自分が誰にどんなメッセージを届けたいかによって、媒体を選び分ける必要があります。

わたしは日本女性学研究会刊行の『女性学年報』創刊号の編集長でした。この雑誌は「女性学」の名を冠した日本初の雑誌で、一九八〇年の創刊から三八号続いています。[2] その編集方式については「コメント力をつける」の章で説明しましたが、この雑誌をつくったのは、当時わたしが書きたいと思ったことを掲載してくれそうな媒体がどこにもなかったからです。社会学会には『社会学評論』という学術誌がありましたが、女性学の論文をそこに持って行けば「主観的」と見なされて却下されるであろうと予想できました。社会学の論文は淡々と書くことができましたが、女性学の論文を書くときには、わたしのなかに怒りがふつふつとたぎっていました。その怒りは文体にあらわれますし、自分の立場性をつよく押し出すものになりました。結果、他の媒体がどこにも載せてくれそうもない、「女性学の視点に立った鋭い問題意識や、新たな角度からの分析によって、それぞれの分野に対して影響を与え、読者と共にその変革を志す」[3] 論文を優先採用するという、いわばとんでもなく「主観的」な雑誌媒体が誕生したのです。やがてその雑誌に掲載された論文が、他の学術誌に引用されるようになるとは、当時は夢にも思いませんでした。

†文体を選ぶ

さて媒体ごとに性格が違い、読者層が違い、要求される水準が違うとしたら、さてどんな文体を選ぶか？　それが問題です。

わたしは若い頃、注文を受けた媒体ごとに、異なる文体を駆使して、「え、これが同じひと？」と言われる「七色の文体」を使い分けすることをめざしていました。文体は思考のツール、だから小林秀雄文体とか村上春樹文体とか、数行読んでも個性が刻印されるような文体が大切だという人もいますが（だからこそ、文体パスティッシュ(4)も成り立つのですが）、わたしは文体がひとつに決まると、かえって思考を制約すると考えています。ある文体で考えられることと考えられないこと、それで表現できることとできないことがあります。ですから文体は複数持っていたほうがよいのです。

パンピー（一般ピープル）向けに軽めの文体で書くことになれてしまうと、緻密で複雑な内容は書けなくなりがちです。才気のある若い書き手には、しばしば新書のオファーが来がちですが、新書は今や情報のストック財ではなくフロー財。書き手も読み手も早く、軽く、わかりやすく、を求めています。そんな新書文体に慣れてしまうと、使用する概念のひとつひとつを吟味しながら緻密に論理を組み立てていくような学術論文は書きにくくなります。若い書き手に警告するのは、フロー情報と共に書き手もフロー財として使い捨てられてしまうことです。

本書の文体も「です・ます」調でいくか、「だ・である」調でいくか、悩みました。結果「です・ます」調を選びましたが、そのことは内容にも影響していることでしょう。

†コンテンツをつくる

とはいえ、ウェブの世界で日々垂れ流されているようなフロー情報とは別に、それぞれの分野でストック情報となるような書物を書くことはハードルが高いですし、それには指導教員やピア、編集者のような伴走者が必要です。上野ゼミのしくみは、研究計画書からデータ・コレクション、データ分析、目次構成、サンプル・チャプター、コメント・セッションに至る構造化されたカリキュラムを通じて、ピアによる研究コミュニティをつくることにもありました。ピアはコメント経験を通じてコメント力をつけ、すぐれた読者になっていきます。上野ゼミ生はどの期もたいへん仲がよいのですが、それはこうしたプロセスを共有することによって、互いの成長に立ち会った仲間意識のおかげかもしれません。

口の悪い学生は、「みんな地獄の上野ゼミを耐えぬいたから、連帯感が強いんですよ」と言いますが。わたしはこういう対面的な小集団による教育力を高く評価していますから、少人数によるゼミナール方式が大学教育のエッセンスであり、これがeラーニングにとってかわることはない、と確信しています。

†出版という権力

質の高いコンテンツを制作するプロデューサーともいうべき役割は、媒体が変わってもなくなることはないでしょう。問題はそれが価値のあるしごとだとしても、対価を発生するようになるかどうかです。このところ取材費を伴うドキュメンタリーやノンフィクション、裏付けを必要とする調査報道などの担い手が急速に減少しているという嘆きを耳にします。電子媒体上のコンテンツが無償になれば、そこに情報を提供するインセンティブがなくなる可能性もあります。より多くの読者に届けたい、だがメッセージの発信に対価を伴うようにしたい、という要求はますますディレンマに追い込まれそうです。

制作に相対的にコストのかかる印刷メディアにおける情報発信は、今日でも多くのひとにとってハードルの高い夢でありつづけています。

単著がほしい、という夢はたとえ自費出版でも、と叶えることができますが、自費負担なしの商業メディアでの出版は、このところ出版市場の急速な悪化によって、ハードルがますます高くなりました。出版社にリスクを冒す体力がなくなってきたからです。わたしは置屋のおかみよろしく、「いい子がいまっせえ」と、プロデューサー役を務めて、多くの書き手を出版界に送り込んできました。そうした企画がここ数年のうちに、通りにくくなってきたのを肌で感じています。

学界ではポストや研究費も資源ですが、出版へのアクセスも資源の一種です。出版業界では東京一極集中が著しいですが、わたしが東大の院生に言ってきたのは、あなたたちのポジションが恵まれていることを忘れるな、ということでした。東京には多くの編集者がいますし、彼らは才能のある若い書き手を探しています。東大上野ゼミのようなところにいるだけで、彼らの目につきやすいことでしょう。同じ程度の才能の書き手がいたとしても、地方で埋もれているかもしれません。

わたしのところにも、出版の仲介を依頼してくるひとがひっきりなしにいます。まったく面識のないひとが、分厚い原稿のコピーをどさっと送ってくることもあります。本にしたいので、出版社を紹介してくれ、と言われてもねえ。

それにしても、本を出したいという熱意のわりには、ひとにものを頼むときの頼み方をわかっていないひとが多すぎると感じます。出版の相談を受けるたびに、著者には以下のような条件を要請してきました。そういう基本の「き」もわきまえないようなひとたちが多そうですから、ここで確認しておきましょう。

まず出版を依頼するには、以下の四点セットを揃えます。

（1）著者名（筆名可）&プロフィール
（2）本書のねらいおよび読者ターゲット
（3）書名および目次
（4）サンプル・チャプター

プレゼンテーションとは、口頭であれ文章であれ、他人の時間資源を奪うものであることを忘れないようにしましょう。「これ、読んでください」と本一冊分の原稿を渡されても、相手は困惑するだけ。デスクの上に積まれるだけに終わるでしょう。（1）から（3）まででせいぜいA4用紙一枚、そこで興味を持ってもらえれば、サンプル・チャプターを読んでもらえます。さらに関心をもってもらえれば、残りも読みたいと思ってもらえるでしょう。サンプル・チャプターは、全体のなかでいちばん核心に近い、おもしろい部分を選びましょう。それだけでなく、編集者は、書き手がどんな文体の持ち主であるか、文章がうまいかへたかを、それで判断します。腐ったりんごはひと噛みすればわかる……全文読まなくても、全体の感触はわかります。

「本書のねらい」には、「読者ターゲット」を必ずつけるようにします。誰に読んでもらいたいか、という書物の宛て先はとても大事です。「できるだけ多くのひとに」「誰にでも」という漠然とした宛て先では、かえって読まれません。読者論によれば、読者には「正統な読者 legitimate reader」と「非正統な読者 illegitimate reader」とがいます。正統な読者とは、そのひとに宛てて読んでもらいたいストライクゾーンどまんなかの読者。非正統な読者とは、直接宛て先にしたわけではないが、たまたま立ち聞きした読者のことです。正統な読者がどんなに少数派でも、読者の宛て先が鮮明に見えているほど、非正統な読者もまた「立ち聞き」から心を動かされる……書物とは、そういうものです。そして正統な読者（このひとにこそ届いてもらいたい）が、顔の見える関係ではっきりわかっていることは、読者を決してあなどらない、という基本に立つことになります。ある若い研究者から献本を受けたとき、その本のターゲットが拡散しているだけでなく、書き手が隠し球を持っているばかりか、全力投球していないな、と感じたことがあります。その感想を率直に本人に伝えると、「もともとウェブ連載。誰が読むかわからないし、読者はこの程度のものだから」という答えが返ってきて唖然としました。読者をあなどると、ツケは自分自身に返ってきます。作品のクォリティが確実に下がるからです。

この本には持ち札の八割程度を使って、あとの残りは別の本にとっておこうとせこい考えを持ったり、あまり手の内を見せると他の同僚にアイディアを盗まれるかもしれないと疑心暗鬼になったりする若い書き手もいます。自分の力を出し切らないでセーブすれば、しょせんそこまでの作品にしかなりません。出し惜しみしないで、その時の力量をすべて注ぐことを怖れてはなりません。そうすることで、さらに次のステップにヴァージョンアップしていけるのですから。アイディアを盗まれることを怖れる必要もありません。理系の研究と違って、文系の研究では、どんなアイディアも個性的なもの。そうかんたんに他人がまねることはできませんし、アイディアの値打ちが評価されて公共財になれば、それこそ名誉というものではありませんか。どんな研究もそのときそのときの中間報告ですが、そのときそのときで全力を出し切ることが、次のステップへの推力になります。

†編集者はプロデューサー

刊行にあたって重要なのが、編集者の介入です。一般書になれば、読者の質が変わります。商業出版社の編集者は、著者と読者とのあいだを仲介してくれる第一読者です。編集者は文字通り仲介者＝媒体 medium の役割を果たします。

わたしはその点でよい編集者に恵まれました。よき編集者は、よき指導教員と同じくらい、書き手を育ててくれます。ですからわたしは、書き手を版元に仲介するときには、できるだけ早い時点ですぐれた編集者に手渡し、それから後はできるだけ介入しないようにしてきました。「第一読者」が複数いれば、どちらのアドバイスに従えばよいか、著者は混乱するでしょう。世の中には著者から受け取った原稿を印刷所に運ぶだけ、という編集者もいるようなことを聞きますが、少なくともわたしの出会った、そしてわたしの選んだ編集者たちはそうではありませんでした。彼らは商品としての書物を、読書界というマーケットに送り出す、プロデューサーの役割を果たしていました。そしてわたしに容赦なく注文を出し、書き直しを要求してきました。そういう編集者に選ばれたことを、わたしは誇りに思っています。よい編集者に出会えるかどうかは、アーチストがよいギャラリスト

（画廊主）に出会えるかどうかと同じくらい、大事です。

その成功例が遙洋子『東大で上野千鶴子にケンカを学ぶ』［2000/2004］です。関西のタレント、遙洋子さんがジェンダー研究を学びたいと三年間上野ゼミに通った成果を書いたもので、文庫版と併せて二二万部を超えるベストセラーになりました。

二年も通えば十分、「卒業したら？」とわたしは彼女に言い、「卒業論文を書けば？」と勧めたら、持って来た原稿があまりにおもしろかったので、筑摩書房の敬愛する編集者、藤本由香里さんに託したものです。藤本さんは遙さんに次々に注文を出し、それを遙さんはすべてこなし、できあがったのは、とってもチャーミングな本でした。優秀な編集者に託した以上、わたしは介入しないようにしましたが、その結果、これは勘弁してくれ、というタイトルをつけられてしまいました。せめてもの腹いせに、冒頭に一行、「これはわたしの知らないわたしです」と書かせてもらいました。もちろん著者の遙さんが、勘が鋭く地頭《じあたま》のよい、すぐれた書き手だったせいもありますが、プロデューサー藤本の仕掛けはみごとに当たりました。

藤本さんは、筑摩書房のわたしの担当編集者でした。新入社員の彼女との最初の仕事が『〈私〉探しゲーム』［1987/1992］でした。付箋をいっぱいつけて、疑問を付し、原稿を読み抜いてきた若い彼女に、わたしは感心しました。彼女の注文にいちいち応じたわたしの態度が、駆け出しの編集者だった彼女にはとっても大きな自信の源になったと、後で述懐してくれました。あるとき、依頼原稿の趣旨をあまりに明晰に語るので、「そんなに言いたいことがハッキリしてるなら、あなたが書けば？」と言ったことがあります。結局、彼女は編集者から書き手になり、いまでは日本で有数のコミック研究者として活躍しています［藤本2008］。

†読者に届ける

自著を刊行することができた幸運な新人の著者には、かならずこう言って送り出すことにしています。「本を出したからには読者に届いてなんぼ。あなたの本に身銭を切ったうえに、自分の時間を割いて読んでくれる読者に届けたいなら、地方巡業する売れない演歌歌手が自分のＣＤを売り歩くつもりで、自分の本を売り歩きなさい。それが著者の責任だ」と。本は刊行した時点で著者の責任は終わる、と思っている書き手もいるようですが、そうではありません。本を出すとは、出版市場にひとつの商品を差し出すということです。それが学術書であっても同じです。ですからわたしは、編集者のみならず、出版社の営業

や書店の担当者の方たちの役割を高く評価しています。(5)

若い器用な書き手に伝える警告はもうひとつ。刊行のチャンスがあればあるほど、才能が消費されて使い捨てられるよ、ということ。出版業界にとって、書き手は消耗品のひとつ、いくらでも代わりがいます。わたしは辣腕編集者を「ハイエナ」と呼んでいます。もちろんこれは、わたしから彼らに対する最上級の褒め言葉ですが、やわな書き手は彼らに食い尽くされるはめになります。

最新のテキスト論によれば、テキストは生産－流通－消費の過程を経て、完結します。読者があなたのテキストを消費する過程で、初めてテキストは再生産されます。読まれないテキストはデッドストックになるだけです。

読者とはありがたいものです。わたしは編集者にも恵まれましたが、読者にも恵まれました。テキストは批判にさらされ、多くの誤解も生みましたが、それ以上に正解を示してくれるすぐれた読者の存在が、わたしを支えました。書き手を育てるのは、究極的には読者です。そして著者と読者をつなぐのが、編集者を含む媒体なのです。

†コンテンツをつくる

媒体にはコンテンツが必要ですし、コンテンツには媒体が必要です。マーシャル・マクルーハンの用語で言えば、メディアとメッセージと言い換えてもよいかもしれません。日本のコミックとアニメとは巨大なコンテンツ産業になりました。それらのコンテンツは個人の制作物というよりも集団的な工房のなかで創造され、今やメイド・イン・ジャパンの刻印抜きに世界中を流通しています。

わたしが東大生たちに言ってきたのは、キミたちはコンテンツを売る側には回れても、コンテンツを制作する側には回れないよ、というもの。オールラウンド・プレイヤーで平均点の高い彼らは、こだわりが強くて「この一筋」からオリジナルな作品を生み出すクリエイターにはなれないからです。もちろん売る側のほうが、作る側より金を儲ける場合があります。この話をドワンゴの川上量生《のぶお》さんにしたときのこと。彼の答えは明快でした。コンテンツ制作はものすご～くワリの合わないしごとで、ほんとに欲得抜きに好きでないとやってられないから、というものでした。

ただし、すぐれたコンテンツ制作には、プロデューサーがついています。編集者はこのプロデューサーに当たります。プロデューサーとはふしぎな役割です。映画のプロデューサーを思い起こしてください。監督もできず、撮影技術もなく、演技もできない無芸無能な人物であっても、それぞれの分野の才能を見いだし、それを束ねて使う能力があればよいのです。だからわたしは、無能なあなたにもプロデューサーになれます、有能な誰かを使う能力さえあれば、と言ってきました。ただし、自分がほしいまだ見ぬものが何か、がわかっている必要があります。いわば夢を見る能力、それだけでなく夢をかたちにする能力と言ってもよいでしょうか。

日本に必要だが足りないのは、このプロデューサーの人材です。ひとりひとりのプロフェッショナルには卓越した人材がいますが、それらを束ねて化学反応を起こし、1+1+1+…がその総和以上になるような制作物を生み出す能力といってもよいでしょうか。そういう人材が足りない、だから育成する必要があるという認識が、ようやく共有されるようになってきました。

日本におけるコンテンツ産業のすぐれたプロデューサーのひとり、ジブリの鈴木敏夫さんにお聞きしました。「プロデューサーは育てることができますか？　できるとしたら、いかに？」と。

答えはイエス&ノー。プロデューサーは育つものであって育てられるものではない、と。

プロデューサー養成講座を作ったら？　とわたしは鈴木さんをそそのかしました。まんざらでもなさそうな鈴木さんなら、どんなカリキュラムを組むでしょうか。最近では山崎亮さんのように「コミュニティ・デザイナー」を自称する人が、東北芸術工科大学コミュニティデザイン学科で人材育成をしていますから、できないわけではなさそうです［山崎2012］。とはいえ、川上さんが鈴木さんに「弟子入り」したように［川上2015］、基本はすでにプロデューサーの仕事をしている人の傍らで、その背を見ながらOJT（On the Job Training）するほかなさそうですが。

ネット環境のせいで、印刷メディアの地位は低下しました。ですが、信頼できる情報コンテンツへのニーズはなくなっていません。出版業はなくなっても、編集者は残る、とわたしが考えるのはそのためです。

†情報生産者を育てる

本書では情報生産者になるためのノウハウを伝えてきました。情報生産者になるためにはスキルもノウハウもあります、そしてその知そのものを共有財として伝達することが可能です。それならプロデューサーになるためにもスキルとノウハウがあり、それを伝達可能な知の集合にすることはできないでしょうか。もちろん資質も才能もあるでしょう。研究者の世界では、アルチザンとしての情報生産者を生み出すための組織的なノウハウを積み上げてきました。それさえ習得すれば、傑出したパフォーマンスはできないかもしれないが、標準的な成果物を生産することができます。それができるからこそ、大学という学知の制度的再生産は可能でした。本書ではわたしの持っているノウハウを、惜しみなく公開したつもりです。

最後にプロデューサーになることを追加したのは、情報生産者は、同時に自分自身のプロデューサーでもなければならないからです。そのなかには今や、ネット上のアイデンティティ管理や自己ブランド化、マーケティング戦略なども含まれてくるでしょう。印刷メディアしかなかった時代に比べて、これから世に出る情報生産者にとっては、難儀な時代になったものです。

わたしは情報生産者でもありますが、情報生産者を育てる立場にも立ってきました。

上野ゼミの受講生たちから贈られるうれしいことばのひとつに、こんなものがありました。「上野センセは、わたしたちの中からまだ見ぬものを生み出してくれるお産婆さんみたいな存在なのよ」と。そのとおり、「まだ見ぬもの」は、もともとその人のなかに存在していています。それにかたちを与えてこの世に引き出すのが、教育者の役目です。そしてそれが誕生する瞬間に立ち会うのが、教師の醍醐味だと言ってよいでしょう。わたし自身もそうやって、学恩のある先輩や同僚研究者、そして注文の多い編集者たちに育てられてきたのです。書き手はすぐれた読者が育てる、ことを忘れないようにしましょう。

情報生産者とはまだ見ぬコンテンツを世に送る者たち。そしてそれを公共財にしたいと願う者たちです。そのためにはあなた自身が「今・ここにないもの」を夢みる能力を持っていなければなりません。もういちど、冒頭に戻りましょう、それこそが「問いを立てる」能力のことです。

グッド・ラック。あなたがほんとうに世に送り出したい情報を生産するために、本書がお役に立つことを願ってやみません。

注

(1) http://wan.or.jp/

（2）二〇一七年に三八号をもって終刊となった。

（3）「『女性学年報』のめざすもの」『女性学年報』第三八号、日本女性学研究会、二〇一七年、iv頁。この「めざすもの」は毎号巻頭に掲載されている。

（4）文体パスティシュとは文体模倣のこと。最近では神田桂一・菊池良『もし文豪たちがカップ焼きそばの作り方を書いたら』［2017］が注目を集めている。

（5）だからこそ『新編　日本のフェミニズム』第七巻「表現とメディア」［2009］では、出版業界とTVメディアの役割に言及した。

あとがき

本書のタイトルを『情報生産者になる』にしてよかった、と思います。『研究者になるには』とか、『論文の書き方』でもよかったかもしれませんが、本書はそれより広い情報発信者になるためのノウハウを網羅しているからです。

それだけでなく、京都学派の梅棹忠夫さんの名著、『知的生産の技術』が、この書名には残響しています。わたしは京都学派の知的環境のもとで薫陶を受けたことを、誇りに思っています。ですが、かんじんなことは、大学では何一つ、教わりませんでした。大学の外で、あるいは大学をとりまく界隈で、あるいはアルバイト先のシンクタンクで、情報生産とは何か、を実践的に身につけました。京都学派の知は、思弁的な知ではなく、実践的な知です。

それに加えて、三〇歳を過ぎてから在外研修に出たり、教えに行ったりした海外の大学のカリキュラムからも、高等教育における教育付加価値とは何かを学びました。わたしは自分が学んだノウハウを、教育現場につぎ込んできました。本書はそのわたしの教育経験の総まとめにあたります。

教育と研究、と一言で言いますが、ほとんどの大学教員にとって、教育と研究は一致しません。そして大学院教育では、院生には研究者としてのアイデンティティは形成されますが、教育者としてのアイデンティティもノウハウもまったく形成されません。何しろ大学教員とは、教員免許がなくても教壇に立てる職業ですから。ポストを得て初めて教壇に立ったとき、ほとんどの研究者は愕然とします。これがじぶんのメシのタネだったのか、と。

とはいえ、今さら引っ込みはつきません。わたしの教育歴もすでに四〇年近くになります。現場に立って悪戦苦闘しながらオン・ザ・ジョブで身につけてきたノウハウを、本書では惜しみなく公開しました。「はじめに」でも書きましたが、わたしの教育歴は、専門学校から大学院、私学から国立大、社会教育から生涯学習、それに日本のみならず海外の教育機関まで、幅広いほうだと思います。それら多様な教育の場で、それこそ多様な「お客さん」（教師は学生を選べません）を相手にして学んだのは、教えることの基本の「き」は、相手が変わっても変わらない、ということでした。だからといって、わたしが言いたいのは教師の構えや姿勢、情熱や理想のような精神論ではありません。本書が伝えるのは、年齢、性別、立場、偏差値……の違いを問わず、ひとが答えのない問いに立ち向かうための、だれにでもわかり、どこでも通用するノウハウです。このノウハウに難解なところや神秘的なところは何もありません。誰でもこうやりさえすれば、確実に情報生産者になれる、というノウハウです。

高等教育の価値は、知識を得るためにあるのではなく、いかにして知識を生産するかというメタ知識を得ることにあります。文科省が無価値だと言いたげな人文社会科学が重要なのも、それらがメタ知識を得るために必要だからです。メタ知識が重要なのは、たとえありものの知識がスクラップになっても、新たな知識を自ら産み出すことができるからです。つまり、予測も制御も不可能な世界のなかで、どこでも、いつでも、生き抜いていける知恵を持つことができるようになることです。ますます先行きの見えなくなった二一世紀の社会で、この能力の重要性はいよいよ高まっていることでしょう。

「教育付加価値」などというと、鼻白むひとびともいるでしょう。ですが、一八歳から二二歳まで、あるいは二〇代さなかの大半を、また仕事を離れてコストも時間もかけて大学にリターンしてくる社会人など、いい歳をしたオトナが何年も過ごす場所で、高等教育を受けてよかった、進学前よりも確実に自分にものごとに対処する力がついた、と実感をもって送り出してあげることができなければ、高等教育にどんな価値があるでしょうか。

わたしを教育者として育ててくれたのは、学生や受講生のみなさんでした。出会いに心から感謝します。また本書の執筆をわたしに慫慂したのは、筑摩書房の編集者、橋本陽介さんです。わたしの教育現場に立ち会うために、橋本さんは、立教セカンドステージ大学のゼミに一年間通いました。本書がかたちになったのは、それから五年後。これで約束を反故にしたらお天道さまに顔を向けられません。長いあいだお待たせしたことをお詫びします。

本書が学ぶ立場のひとたちにも、教える立場のひとたちにも、お役に立つことを願っています。

二〇一八年盛夏に

上野千鶴子

参考文献（ａｂｃ順）

阿部真大2006『搾取される若者たち――バイク便ライダーは見た！』集英社新書

赤川学1999『セクシュアリティの歴史社会学』勁草書房

天野正子・伊藤るり・井上輝子・伊藤公雄・加納実紀代・江原由美子・上野千鶴子・大沢真理編、斎藤美奈子編集協力2009『新編　日本のフェミニズム』第七巻「表現とメディア」、岩波書店

新雅史2013『「東洋の魔女」論』イースト新書

Barthes, Roland, 1967, *Système de la mode*, Paris: Seuil.（＝1972佐藤信夫訳『モードの体系――その言語表現による記号学的分析』みすず書房）

Beck, Ulrich, 1986, *Risikogesellschaft: Auf dem Weg in eine andere Moderne*, Frankfurt am Main: Suhrkamp Verlag.（＝1988東廉訳『危険社会』二期出版／1998東廉・伊藤美登里訳『危険社会――新しい近代への道』法政大学出版局）

Becker, Howard S., 1963, *Outsiders: Studies in the Sociology of Deviance*, New York; London: Free Press.（＝1978村上直之訳『アウトサイダーズ――ラベリング理論とはなにか』新泉社）

藤本由香里2008『私の居場所はどこにあるの？――少女マンガが映す心のかたち』朝日文庫

福岡愛子2008『文化大革命の記憶と忘却――回想録の出版にみる記憶の個人化と共同化』新曜社

Foucault, Michel, 1976, *Histoire de la Sexualité*, tome 1, Paris: Gallimard .（＝1986渡辺守章訳『性の歴史Ⅰ　知への意志』新潮社）

Frühstück, Sabine, 2007, *Uneasy warriors: gender, memory, and popular culture in the Japanese Army*, Berkeley,

Calif.: University of California Press.（＝2008花田知恵訳『不安な兵士たち――ニッポン自衛隊研究』原書房）
Garfinkel, Harold, 1967, *Studies in Ethnomethodology*, Englewood Cliffs, N. J.: Prentice-Hall.（＝1987山田富秋・好井裕明・山崎敬一訳『エスノメソドロジー――社会学的思考の解体』せりか書房）
Giddens, Anthony, 1990, *The Consequences of Modernity*, London: Polity Press.（＝1993松尾精文・小幡正敏訳『近代とはいかなる時代か――モダニティの帰結』而立書房）
Glaser Barney G. and Strauss, Anselm, L., 1967, *The discovery of grounded theory: strategies for qualitative research*, Chicago: Aldine Pub.Co.（＝1996後藤隆・大出春江・水野節夫訳『データ対話型理論の発見――調査からいかに理論をうみだすか』新曜社）
Goffman, Erving, 1979, *Gender Advertisements*, New York : Harper & Row.
遙洋子2000『東大で上野千鶴子にケンカを学ぶ』筑摩書房／2004ちくま文庫
平田オリザ2016『下り坂をそろそろと下る』講談社現代新書
一宮茂子2016『移植と家族――生体肝移植ドナーのその後』岩波書店
井上輝子1980『女性学とその周辺』勁草書房
磯野真穂2015『なぜふつうに食べられないのか――拒食と過食の文化人類学』春秋社
神田桂一・菊池良2017『もし文豪たちがカップ焼きそばの作り方を書いたら』宝島社
春日キスヨ1989『父子家庭を生きる――男と親の間』勁草書房
川上量生2015『コンテンツの秘密――ぼくがジブリで考えたこと』ＮＨＫ出版新書
川喜田二郎1967『発想法――創造性開発のために』中公新書／1984中公文庫
川喜田二郎1970『続・発想法――ＫＪ法の展開と応用』中公新書
貴戸理恵2004『不登校は終わらない――「選択」の物語から〈当事者〉の語りへ』新曜社
木下康仁2003『グラウンデッド・セオリー・アプローチの実践――質的研究への誘い』弘文堂

近藤裕1998『家庭内再婚――夫婦の絆とは何か』丸善ライブラリー

Malinowski, Bronislaw, 1922, *Argonauts of the Western Pacific: An account of native enterprise and adventure in the Archipelagoes of Melanesian New Guinea*, London: Routledge & Kegan Paul.（＝1967泉靖一・増田義郎編訳「西太平洋の遠洋航海者」『世界の名著（59）マリノフスキー／レヴィ＝ストロース』所収、中央公論社／1980泉靖一・増田義郎編訳、新装普及版『世界の名著（71）マリノフスキー／レヴィ＝ストロース』中央公論社／2010増田義郎訳『西太平洋の遠洋航海者』講談社学術文庫）

箕浦康子1999『フィールドワークの技法と実際――マイクロ・エスノグラフィー入門』ミネルヴァ書房

溝口明代・佐伯洋子・三木草子編1992-95『資料日本ウーマン・リブ史』Ⅰ、Ⅱ、Ⅲ、ウィメンズブックストア松花堂

目黒依子1987『個人化する家族』勁草書房

森村泰昌1998『芸術家Mのできるまで』筑摩書房

Morris, Desmond, 1977, *Manwatching: a field guide to human behavior*, London: Jonathan Cape（＝1980藤田統訳『マンウォッチング――人間の行動学』小学館／2007小学館文庫）

中河伸俊1999『社会問題の社会学――構築主義アプローチの新展開』世界思想社

中西正司・上野千鶴子2003『当事者主権』岩波新書

中野円佳2014『「育休世代」のジレンマ――女性活用はなぜ失敗するのか？』光文社新書

野辺陽子2018『養子縁組の社会学――〈日本人〉にとって〈血縁〉とはなにか』新曜社

野田正彰1988『漂白される子供たち――その眼に映った都市へ』情報センター出版局

小熊英二1995『単一民族神話の起源――〈日本人〉の自画像の系譜』新曜社

小熊英二1998『〈日本人〉の境界――沖縄・アイヌ・台湾・朝鮮　植民地支配から復帰運動まで』新曜社

Oldenburg, Ray, 1997, *The Great Good Place: cafés, coffee shops, bookstores, bars, hair salons, and other hangouts*

at the heart of a community, MA: Da Capo Press.（＝2013忠平美幸訳『サードプレイス――コミュニティの核になる「とびきり居心地よい場所」』みすず書房）
Park, R. E., 1950, *Race and Culture*. New York: Free Press.
Putnam, Robert, D., 2000, *Bowling alone:the collapse and revival of American community*, New York, N.Y.: Simon & Schuster.（＝2006柴内康文訳『孤独なボウリング――米国コミュニティの崩壊と再生』柏書房）
佐藤文香2004『軍事組織とジェンダー――自衛隊の女性たち』慶應義塾大学出版会
佐藤郁哉1984『暴走族のエスノグラフィー――モードの叛乱と文化の呪縛』新曜社
佐藤雅浩2013『精神疾患言説の歴史社会学――「心の病」はなぜ流行するのか』新曜社
Stonequist, E. V.1937. *The marginal man: a study in personality and culture conflict*. New York,: Scribner/Simon & Schuster.
澁谷知美2003『日本の童貞』文春新書／2015河出文庫
白井裕子2006「男子生徒の出現で女子高生の外見はどう変わったか――母校・県立女子高校の共学化を目の当たりにして」『女性学年報』二七号、日本女性学研究会『女性学年報』編集委員会発行
立花隆2013『自分史の書き方』講談社
上野千鶴子1982『セクシィ・ギャルの大研究――女の読み方・読まれ方・読ませ方』光文社／2009岩波現代文庫
上野千鶴子1987『〈私〉探しゲーム』筑摩書房／1992ちくま学芸文庫
上野千鶴子1990『家父長制と資本制――マルクス主義フェミニストの地平』岩波書店／2009岩波現代文庫
上野千鶴子1995「歴史学とフェミニズム　『女性史』を超えて」『岩波講座　日本通史』別巻一（上野千鶴子2002『差異の政治学』岩波書店所収）
上野千鶴子2002『サヨナラ、学校化社会』太郎次郎社／2008ちくま文庫
上野千鶴子・三浦展2007『消費社会から格差社会へ――中流団塊と下流ジュニアの未来』河出書房新社／2010ちく

ま文庫
上野千鶴子編2008『「女縁」を生きた女たち』岩波現代文庫
上野千鶴子2017「当事者研究としての女性学」熊谷晋一郎編『みんなの当事者研究』金剛出版
上野千鶴子監修／一宮茂子・茶園敏美編2017『語りの分析――〈すぐに使える〉うえの式質的分析法の実践』（『生存学研究センター報告』27号）立命館大学生存学研究センター
梅棹忠夫1969『知的生産の技術』岩波新書
Ungerson, Clare, 1987, *Policy Is Personal: Sex, Gender and Informal Care*, London: Tavistock Publications.（＝1999 平岡公一・平岡佐智子訳『ジェンダーと家族介護――政府の政策と個人の生活』光生館）
浦河べてるの家2002『べてるの家の「非」援助論――そのままでいいと思えるための二五章』医学書院
浦河べてるの家2005『べてるの家の「当事者研究」』医学書院
山田泉2007『「いのちの授業」をもう一度――がんと向き合い、いのちを語り続けて』高文研
山崎亮2012『コミュニティデザインの時代――自分たちで「まち」をつくる』中公新書

本書は、ＰＲ誌「ちくま」二〇一七年一月号から二〇一八年三月号までの連載に加筆・修正を加えたものです。

ちくま新書
1352

情報生産者《じょうほうせいさんしゃ》になる

二〇一八年九月一〇日　第一刷発行
二〇二五年四月二五日　第一四刷発行

著者　上野千鶴子（うえの・ちづこ）
発行者　増田健史
発行所　株式会社　筑摩書房
東京都台東区蔵前二-五-三　郵便番号一一一-八七五五
電話番号〇三-五六八七-二六〇一（代表）
装幀者　間村俊一
印刷・製本　三松堂印刷　株式会社

ISBN978-4-480-07167-5 C0295